目 录

"十三五"国家重点出版物出版规划项目

图解服务的细节

052

競合店対策の実際

如何战胜竞争店

[日]铃木哲男 著

任世宁 译

人民东方出版传媒
People's Oriental Publishing & Media
東方出版社
The Oriental Press

前言

从古至今，传统零售业已跨越了大型化、专业化、郊区化和低价化的时代。没有一家店铺不在为了能更贴近上帝——顾客，并希望在商品的种类、价格和服务方面全面超越竞争对手，而彼此间明争暗斗，闹得不可开交。只有那些愿意到现场倾听顾客意见，坚持不断地调查和分析竞争对手的商家，才能在这场无休止、无硝烟的商战中成长壮大。

真正好的东西就应该毫不吝惜地去模仿。据传，日语中的“学习”这一词汇就是从“模仿”演变过来的。所以，大可不必把模仿看作是丢人现眼的事，应该鼓起勇气大胆去模仿。通过彻底地模仿，作为模仿者的我们就能超越被模仿者，取得竞争优势地位。

不过，必须正确地去模仿。比方说，生产厂家由于受产品制造专利技术的限制，不可能简单地去仿制。但商品销售就不同，销售属于技巧，只有比出高低，才能不受专利束缚。当然，也有人担心模仿过度会导致千篇一律，但我奉劝各位不必多虑。只要是走俏的商品，切实可行的销售方式，我们没有理由不去模仿和引进。模仿的目的就是为了满足广大消费者的需求，最终战胜挡在面前的竞争对手。通过模仿，若能达到积累经验、提高水平、增强商品销售意识的目的，那么我们就是这场商战中的赢家。

当然，模仿不应该只停留在表面，附着在皮毛上。华丽的外表虽很吸引眼球，但更应该抓住问题的实质。换句话说，重要的不是外在的形式，而是内在的思考问题的方式方法。因此在各种调查中，应该以收集和整理具体实例为主，采取横向纵向和多层次分析的手段，具体问题具体分析，不搞浮夸或者欺瞒，诚实地面对和接受眼前的一切，这才是我推荐给各位读者的成功经验——商战取胜的万全之策。

本书向诸位隆重推荐了正确观察竞争店的基本方法，此外还结合我多年的工作经验，阐述了正确掌握这种方法的有效手段。通过工作中积累下来的部分具体实例，反复说明了带着目的和按照标准去观察对手的重要性。

一般来说，对竞争对手进行调查的惯用手法是调查商品的价格。通过阅读本书，你们会明白，同样是调查价格，但只要换个思维角度去调查，我们一定会得到完全不同的新启发。在本书中，我编入了对重点商品促销的调查、MD差异化调查等大量实际发生的事例，供读者参考。另外，还收录了由企业经营咨询公司对店铺进行的“卖场核查”“会员服务调查”等图表资料。

当然，无论我们实施再多的调查，如果不能活学活用，真正落实到实践中，这样的调查也毫无意义可言。本书中，我还全面介绍了从调查结果中领悟的行动计划以及分部门MD战略的规划等。并有机会详细阐述了对调查结果的分析、评估和推荐活动的方法。

在本书创作出版的过程中，我得到日本经济新闻社出版局田中拓先生的鼎力相助，在稿件整理上鄙人妻子淑子也做了大量工作，借此机会一并表示感谢！

2005年8月

铃木哲男

第1章

竞争店对策的重要性

1. 什么是竞争店对策？

（1）如何客观地看待竞争店？

不懂得如何去观察和调查竞争店的人，无论其职位多高，都无法解决企业自身存在的问题。不能实事求是地看待和正确分析竞争店的人，更不可能发现店铺自身存在的问题。

迄今为止，我们使用过各种名目、各种手法，调查过许多店铺（特别是有竞争关系的店铺＝竞争对手），在此基础上制定了若干行之有效的对策。正如中国的《孙子兵法》所云："知己知彼方能百战不殆"。其实万变不离其宗，从古至今只有了解对手，才能制定出有针对性的作战方略。这是放之四海而皆准的真理，一万年也不会改变。

这些调查方法的名目（名称）有很多，有的叫作"竞争店调查”或“商户信息调查”，也有简称为“查市价”（市场价格调查之意）这种老套的称呼。其中，也不乏美式称呼，如 Store Comparison（店铺对照和比较之意）和 Bench Marking (为赶超本行业优势企业或店铺的数值，观察卖场之意) 等。

另外，店铺 Clinic（门店诊断）和 Marketing（市场营销）等词汇也常被使用，其实所有的意思都基本相通。我比较喜欢的词汇是 MBWA, 英语是 Management by walking around，直译为“走动式管理”。这是世界零售业巨头沃尔玛公司已故创始人山姆·沃尔顿先生常用的一个词语，也可以翻译为“针对基层现状，从基层出发的经营”。

所以，每当我被问及面对竞争对手，应该采取什么样的应对策略时，我的回答往往如下：

①对比竞争店，找出本企业（本店）的优势与劣势。

②经常检查自己的所作所为是否违背公司的经营理念和企业的方针政策。

③要经常提醒和告诫自己，检查自己的行为是否打动了消费者的心，能否跟上时代的新潮流。

说起来容易做到难。有时我们容易忽视眼前的事实与实际数据，只靠自己的“心”去思考。因此客观地观察问题，正确地面对眼前的一切，对我们来说才是必须认真对待的重要课题。

（2）对竞争店对策的误解

①价格调查不等同于竞争店对策。如果贵店百分之百地追求薄利多销的营销策略，那么掌握价格调查方法以及深入了解为实现薄利多销的营销策略所构建的体系或系统，十分重要。从古至今，零售业繁荣的历史法则均是大型化、专业化、郊区化和低价化。即便是“价格崩溃潮”退去的今天，低价化仍旧是本行业营销的主流。

而如果贵店不以薄利多销为经营宗旨，那么以价格调查为主要目的的竞争店调查，不仅对贵店制定对策毫无实用价值，反而越深入调查越容易不顾自身的实际情况，盲目制定出没有低成本运营支持的廉价对策，最终陷入无休止的价格大战中被拖垮。因此，对我们来说最重要的是知己知彼，搞清楚什么才是自己真正需要的和想知道的。

时移世易，我们不能还沉湎于价格战，再随着自己的价格低而获胜、或是价格高而失败忽喜忽悲。当然，无论是现在还是将来，价格都是决定成败的重要因素，但在商品畅销年代（经济高速增长期＝商品匮乏期＝竞争店稀少期）和商品滞销年代（经济成熟期＝商品充裕期＝竞争店过剩期），我们在对价格的看法和制定价格的对策上都应该有所变化，要多提几个问号："薄利就能多销吗？""价格便宜也能赚钱吗？""降价就能战胜竞争店吗？"如果无法实现上述目标，我们所做出的降价揽客、甩卖聚人气的一系列促销动作，都将变得毫无意义可言。

②竞争店调查不能仅停留在观察姿态和外在形态上。在增设新店或旧店翻新改造时，了解竞争店建筑物构造、外观、室内布局、设备配置以及家具陈列等基本情况很重要，但这不是竞争店调查的全部。其实，卖场面积大不见得都是好事，商品力跟不上，容易产生资金上的浪费。停车场的大小，要通过分析顾客来店的交通手段而定，否则也会成为使用不便的停车场。对调查者来说，重要的是通过分析肉眼可见的东西来深挖那些肉眼看不到的东西，这才是真正的竞争店对策。

在调查卖场面积后，我们经常会听到"他们胜在比我们面积大，商品种类比我们多"等说辞。这句话虽也不无道理，但换个角度看，面积大成本核算必然也高，种类多其实也不利于顾客挑选商品。

③调查方式不能墨守陈规。用调查者的眼光冷静地观察正常营业的竞争对手很重要，但这么做也容易失去用购物者的眼

光观察竞争店的机会，容易偏激，变得自以为是，目光很容易被消费者不注意或根本不在意的问题所吸引，忽视了业界和同行的评价。买下竞争店的商品（食品）与本店的商品（食品）进行对比（购物对比）或相互试吃（试吃对比），就是从顾客角度体会竞争店对策的最好办法，它能帮助我们找出解决本店烦恼（也是顾客的不满）的突破口。

与时俱进，如果我们不善于改变自己的调查方式和运用方法，则调查结果对我们就毫无用处可言。

2. 认清真正的竞争店

（1）什么是竞争店？

如果被问到贵店的竞争店在哪里时，你肯定会列举附近几家大型商场或百货商店。事实上，你并不能肯定它们真的就是与你竞争的商家。我们所说的竞争店，是指互相把对方视为竞争对手，相互争斗共同生存（不是共存共荣，而是争存争荣）。所以，如果对方根本没把你当回事，也不认为你是潜在的竞争对手，它就不应该是你的竞争店。

你的竞争店应该符合下列几个条件：

①商圈重叠，顾客群相同；

②卖场面积和商品构成基本相同；

③中心价位相同。

商圈重叠很难定义。我们暂且把位于徒步10分钟以内、骑车10分钟以内和开车10分钟以内的商家定义为商圈重叠的竞争店。相同的顾客群是指年龄、家庭成员、收入所得和生活方式等背景基本相同的消费者群体。只要你肯屈尊去竞争店内观察一番，就能把上述问题弄得一清二楚了。

卖场面积是否相同，只要亲自看看对方门店就能一目了然。至于商品构成是否相同，只要两店相同的商品部门（如园艺或宠物用品部门）经营的商品种类（肥料或宠物食品等）完全一样，那就可以认定是竞争店。

中心价位是否相同，需要对竞争店详细调查才能搞清楚。有时经常能听到“那家店的东西真便宜”等来自顾客的赞美，其实顾客看到的只是各类品种中的下限价格（最便宜商品品种的价格）。许多商家都拿这种便宜的下限价格当幌子招揽顾客，这是商家商战中惯用的障眼法之一。其实我们更应该关注的是中心价格的价位，对此我将在第三章中详细论述。

除此之外，判断竞争店最简单的一个办法是，观察在贵店休息打烊期间，附近哪家店生意最红火、访客最多。相反，在贵店生意最火、销售额最高时，附近哪家店又在休息打烊。

总之，必须尽早搞清楚贵店的竞争对手在哪里，及时掌握竞争店哪些地方强于自己（特指受顾客青睐之处），并迅速出台应对策略。自己能做到的应毫不吝惜地吸取对方优点，暂时做不到的也应考虑用其他方式弥补或出台比它更具魅力的应对措施。但千万不要慌不择路、饥不择食，不应抛弃自己原有的优势，囫囵吞枣全盘接收对方的经验或教训，并站在对方的舞台上表演自己的节目。要充分发挥出对方不具备而自己特有的优势，在此基础上制定出积极向上的竞争店对策。

（2）怎样界定真正的竞争对手？

随着时代的变迁，今天我们面前的竞争对手已经不再限于同行业者和那些眼睛看得到的对手，还有那些眼睛看不到的敌人。

①眼睛看得到的竞争店（竞争对手）

竞争店存在于本行业中，这是不争的事实。每家女装专营店都有自己固定的顾客群体，与其他女装专营店相比，来店购物的客人多少有些不同，但它们都视同行的女装专营店为竞争店。百货商店规模大小不同，它们同样也把同类百货商店当成竞争店看待。但最近，女装专营店同时经营日杂（小商品）和鞋类的也屡见不鲜，这种所谓创意店的增加，产生了超越同行业界限的竞争，原来风马牛不相及的两种商店——鞋袜专营店、饰品店竟然与高档女装专营店成了竞争对手。

随着大型商贸城、综合大超市更趋向超大型化，在其拓展的卖场面积里也招揽了一流厂商的品牌店入驻，开始经营高档品牌商品。当然，原本经营高档商品的百货公司自然会把它视为新的竞争店。因此，竞争店已经不再局限于同行同业之中。

以经营DIY手作和宠物用品、园艺用品及日用百货为核心部门的家居广场为了提高揽客能力，也陆续开始经营药品和酒类。甚至部分家居广场平日为招揽女性顾客来店购物，还别出心裁地增设了糕点和冷冻食品的柜台。这样一来，家居广场也多了药店、烟酒专卖店和超市这样的竞争对手。擅长经营药品和化妆品的药妆店当然不会袖手旁观，也开始经营大米和饮料等，这样药妆店也主动成为了家居广场和超市等的竞争对手。

某酒水专卖店最近女性顾客暴增，葡萄酒和利口酒销量猛增的同时，店里陈列的下酒菜类的食品、巧克力、甜点以及奶油泡芙等更是卖得不错。回到现实社会，当我们再环顾四周时，会惊讶地发现身边已经布满了竞争店，竞争已超出了我们能想象的范畴。

②肉眼看不到的竞争店（竞争对手）

传统零售业是实体店零售，在店内陈列和销售商品，除会员制商店外，任何人都可以自由出入购买。当然，各家店铺即便视对方为竞争店，也可以自由地进入对方店内进行调查（但需要遵守参观礼仪）。

而近来无店铺经营迅速蹿红，实力与日俱增。电话销售、电视购物、网络配送等，这些形式被统称为电商。电商中，销售额增长最快的已经不再是服装和家电等以往最走红的行业，而是包括健康食品在内的食品行业。于是对超市来说，如今又诞生了一个更强劲的竞争对手。

对传统零售业来说，这些肉眼看不到的对手往往容易被忽视。日本的传统零售业每年都在 11 月份举办“博若莱新酿葡萄酒节”，12 月份举办“年节菜”庆典（日本人新年期间的一种传统菜肴）和在 2 月份举办大名鼎鼎的“情人节促销”等大型商贸活动。在电商问世之前，这些活动就是实体店的摇钱树。但如今只需轻点鼠标，坐在家里就能观看丰富多彩的商品目录并尽情挑选魅力十足的心仪商品，尽享购物之乐。未来，传统零售业如果真的失去吸引顾客来店购物的魅力，等待它的必将是一条终结之路。

③ 虚无缥缈的对手动向

这是指社会和经济的动向。它也是影响传统零售业营业额和利润的对手之一，也就是某种意义上的竞争店。在理解这句话的含义前，请先记住3组数字：2800、2006年、90%。

根据某家政评论家对日本家庭支出明细的分析，日本人一年吃进胃里的食物平均为2800份。无论日本人工资是增是减，也不管经济是好是坏，一个日本人平均一年也只能消耗2800份的食品。也就是说，每个人的饭量是有限的。

以往为了吸引消费者多买商品，无论哪家卖场和商店都会绞尽脑汁，使出十八般武艺，让消费者掏尽自己的腰包。事实上即便顾客有钱，也不会无节制地花钱。这如同食品需要胃和冰箱来装，衣物需要衣柜和壁橱收挂，家具需要根据房间的大小来摆设一样，万事都要有个度来制衡。面对残酷的现实，为了提高营业额，商家只能从增加客源、提高价格两方面努力。

更深刻的问题发生在2006年，日本人口达到峰值，从2006年开始日本人口一路下降，这也意味着零售业的客源从当年起开始减少。尽管日本人口减少，客源不增，但商家数目却不减反增，因此平均到每家商店的消费者人数肯定会更为减少。

90%是指每位顾客的客单价。如果今后每位顾客平均购物的数量依旧与以往相同不增加的话，传统零售业就必须增加客源来保证利润。但日本人口减少已是不争的事实，整体的顾客数量已无法再增加，因此增加客源已基本无望。对传统零售业来说，根据营业额＝顾客数量 × 客单价的方程式，如果来店顾客人数固定，为了提高营业额，剩下的唯有提高客单价以增加营业利润这步险棋可走。

十年前，购买 10 件（购买数量）价值 200 日元（商品单价）的商品，需要支付 2000 日元（客单价），但今天购买同样数量的商品，只需要 1800 日元。对顾客来讲，同样的商品现在比以前更便宜，成本降低对他们是件好事。但对商家来讲，无形中利润又减少了 10%。虽然今天的日本陷入通货紧缩，经济不景气，但由于采购实现了全球化，因此商品采购价格也更低廉了。此外，激烈的商品价格竞争，也为传统零售业采购提供了更便宜的货源。

因此，必须认清当今时代的特征，针对竞争店制定出行之有效的应对策略。

（3）应该进一步关注的竞争对手

我认为，应该进一步关注的竞争对手（竞争店）其实正是我们自身。这个似乎看得见摸得着，但实则看不见摸不着的对手或许就在我们身边。这个对手是脱离现实的误判、管中窥豹式的偏见、道听途说的猜忌等。在调查外敌（竞争店）制定对策前，首先要真正了解自己（本店）的优势与劣势，否则无法制定出正确的对策。下面的情况也许在你身上也发生过。

① 不是卖不动而是陈列不醒目

"日经MJ"曾于2003年1月7日刊登了题为《抓住销售商机，唤醒消费意识》的文章。文中谈到了一个具体的事例。某日，某超级大卖场的负责人手里拿着某厂家销售人员提供的资料看得出神，并惋惜地说道："由于漏掉了大好商机，对同一商品我们两家的销售额竟然差出5倍之多。"厂家报表上是这样描述的：A商品的周销售额在X店是28000日元，在Y店是5000日元。两家店铺规模相当，总销售额也基本相等。但X店在一开始销售时，为夺得先机，迅速在卖场陈列了大量商品，醒目的商品陈设，拉开了两店之间销售的差距。

许多日用品都是顾客"顺手买的"。只有吸引住顾客的眼球，才能诱发出顾客购物的冲动。"尽管在电视上广告都播出去了，但实体店里商品还没上架。"经常听到某些销售人员如此抱怨。其实，类似的事情每天都会在各商家身上发生，实不足奇。

比如，以前有档电视节目曾特别介绍过卤制品。当时，我为调查电视的宣传效果，专门走访了几家商店，查看卤制品的陈列布置和销售情况。我发现商家的态度截然不同，采取的措施也千差万别。

有的卖场把卤制品摆放在第三层货架上，比陈列豆腐的货架还高，简直目不可及。而有的卖场把它放在店头显眼的位置展示，让顾客一目了然。也有的卖场把它归类到食品类，特别准备了展台演示。做法五花八门，销售额也参差不齐。

至此可以认定的结果是：不是卖不动而是没有卖，是陈列不显眼，没能吸引住顾客的眼球。我们很容易找出一千个卖不出去的理由推卸责任，如经济不景气、物价暴涨和同行竞争激烈等，其实真正的原因就在自己身上。

② 做是做了但不彻底

某日，我去分店核实总公司商品部推荐商品在各分店卖场实际销售的情况。事前我请有关人员搜集了各卖场开展活动的照片和实际的销售业绩，目的是为了分析对比。

碰头会伊始，某家分店店长当即发难道：“本周的宣传主题是‘消暑’，你们认为这合适吗？”的确，那个星期强调“消暑”这个主题，气温是有点低。但这不是事前谁能预料到的。

但我也接到了另一家分店的报告。同样的阴雨天，也是以

“消暑”为主题，然而该店的豆腐和凉粉等重点商品竟然比去年同期多卖出 1.2 倍。我让有关人员找出活动照片给我看，照片上货架底部堆满了包装箱。虽然货架上的商品陈列数量不大，但远远望去给人一种货源充足的感觉。这种以假乱真、精妙绝伦的陈设，据说是那家卖场的临时工布置的。

一位是抱怨气温下降，阴雨天不宜营销等，强调各种客观理由的卖场负责人、正式员工。另一位则是默默无语，拼命寻找出货机会的临时工，非正式员工。两者之间想法的差距怎么这么大？我甚至产生了裁掉那位负责人，只留下临时工对公司更有利的想法。

某门店搞了个活动，请其他部门员工逛自家卖场后，竞猜卖场各部门本周最新推出的重点商品，据说最终的中猜率只有 50%。也就是说，本店居然有半数的员工都搞不清楚本周的重点商品，那么这个信息就更无法准确传递给每一位消费者了。我给出的结论是：他们做的还不够，虽然努力了但不彻底。

③ 准备工作做足，但就是卖不出去

我们日复一日重复着生产、陈列、订货、补货的工作，其目的清晰可见，就是为了多卖商品，做好售后，努力赚钱。卖出多少商品就要生产出多少商品，陈列多少商品就要订购到多少商品，这就需要我们每天都按部就班，万无一失地完成好千篇一律的工作。另外，要不要做POP广告宣传，搞不搞试吃演示，做不做展销活动等都是商品销售工作的一环。为什么我要特别说这些呢？其实，我感到现在有越来越多看上去与卖货毫无直接关联、似乎是在浪费资源的工作。

我对比过营销业绩好与不好的商家。业绩好坏直接影响销售人员的心情，不仅他们的表情时明时暗，甚至也会影响他们每周去卖场时间的长短。特别是店长（社长）在销售情况不好时，经常以参加各种对策会议为借口不去卖场或远离卖场。这么做也不能说完全有错，只是他本人没有意识到自己以开会为由增加了不去卖场的时间这件事。业绩好的店长每周大约有 50% 的时间在卖场，而业绩差的店长最多只有 30% 的时间在卖场。当然这不是全部原因，只是一个简单的事例，是他们拼命做了自认为该做的所有工作，但就是卖不出去。

另外，还有过这样的具体事例。某超市每年会举办两次大型食品品鉴会。一次是 6 月举办的中元夏季商战，另一次是 11 月举办的年末品尝会。每次活动前，总公司商品企划部都会召集各部门相关人员碰头，详细介绍本次商品促销、展示方面的情况。今天，在大部分商家中临时工所占比重已高达 70% 以上，所以商品企划部的几场说明很难保证让他们全部领会活动的精神。后来他们决定缩短开会的讲话时间，让现场的员工亲自品尝和触摸商品。这样做的结果是，活动主旨很快就得到现场员工的理解。许多员工在品尝后都赞不绝口地说道："以前我们只能看到年节菜的菜谱，一直认为价格昂贵名不副实，不愿意订货。亲口品尝后，真没想到竟如此美味，值得推荐。这次我肯定多卖这个。"他们不仅思想上发生巨大变化，参与活动的态度也变得更加积极。通过类似的活动他们认识到，只有获得包括临时工在内的全体员工的充分理解和支持，各项大型促销活动才能取得成功。

会议是工作，说明会也是工作，展销会更是重要的工作。读了上述事例后，你们也许会反问自己："我们做过这么多工作怎么还是卖不动，到底是为什么？"我可以明确告诉各位，你们真正的对手不是什么竞争店，而是不了解事实真相、盲目行动的自己。

3. 差之毫厘谬以千里

对店铺自身来说，真正的竞争店在哪里？你是否曾经有过把某家店铺臆想为竞争店，针对它制定了若干对策但依然毫无成效的体验？我曾把它作为重要的研究课题调研过，这才发现其实真正的问题并不在这里。

（1）不要推卸责任

差之毫厘是指观察法、调查法和观点出现错误。谬以千里是指你选择的招数和对策不适宜。“差之毫厘谬以千里”就是要你明白如果观点不正确，即便你使出浑身解数也于事无补，反而适得其反。现在，这句名言已经被各行各业广泛使用，我想它更适合零售业。例如，如果把当今时代断定为不景气的时代，与其他因素相比，更应该重视降低价格这个因素。反之，如果认为当今时代不是不景气，而是步入了经济成熟期，那看法就应随之改变。如果每个商家的商品都相同，就应该考虑降价。如果是独此一家别无分号的商品，当然可以考虑适当加价。对新商品和时尚商品来说，速度重于价格，速度就是命根子。

相同商品在不同商家的手里创造的销售额会全然不同，关键是由于各自的销售、陈列和营销的方式不同造成的。随着看法发生变化，相应的措施也必须改变。形势每时每刻都在发生变化，有的时候我们可能还像以前一样在不知不觉中采取了与以往完全相同的对策。也有可能从一开始就带着事前写好的处方去照方抓药，做自己想做的事，而不顾事实的真相。甚至会言过其实说了大话，还深信它就是事实。这就容易导致采取本末倒置的对策，一旦结果不理想时，就想把责任推卸给外部（政治、社会及经济动向），立即发牢骚说“我本来干得好好的，但团队不配合”“价格也降了，但顾客就是不来买”“如果竞争店不插手，我肯定会做得很好”听上去你是在抱怨周围环境不佳，顾客不好，竞争对手太可恶。但这样的抱怨对你今后制定对策不仅于事无补，还将起到负面作用。

下面是某企业实际发生的事例（我想无论在哪里都会发生）。某负责人说：“公司领导根本不重视我们，对我们提出的书面方案不理不睬，即便在会上直接提出，也不表态赞同。”他的这番话让外人容易误解他们公司的领导是位优柔寡断、胆小怕事的人。但其实，公司高层责任重大，他们必须承担公司全部责任，因此只有在掌握准确信息、正确事实的基础上，才能下结论。我想，公司高层之所以没匆忙下结论，并不是他们素质不高，而是因为他们身边的你们未能及时为他们提供迅速做出决断的准确信息。

（2）假设不等同于真相

2005年，外资零售业巨头家乐福公司退出了日本市场，这一新闻在日本被炒得沸沸扬扬，更是媒体和专家热捧的话题。他们杜撰出五个家乐福退出日本的理由，听起来也颇有道理。第一是独立设店，没有与熟知日本市场的本地日本企业联手。第二是未能真正了解日本，不清楚日本人已经是成熟的消费者，喜欢高品质商品。因此，它们实施的低价策略在日本行不通。第三是日本土地价格高，不能建设家乐福爱用的单层卖场（低层建筑）。第四是外国人高层管理者与日本人同事之间沟通不协调。第五是日本商品流通制度复杂，无法从厂家直接进货，导致不能保证低价商品的货源等。

他们列举的理由听上去颇有道理，但不过是假设和表面现象，是不是真正的原因还有待商榷。不能把握真正的原因（事实），就无法制定正确的对策。

为什么这么说呢？第一是家乐福在其他国家也单独出资建立过许多大型商场，其中也不乏成功之例。第二是日本国内以低价为武器的百元（商品均一价100日元）店和商品折扣店正方兴未艾。第三是不仅在日本，在许多国家的城区里，家乐福都建立过双层型超市或在二层以上的高层大厦里设立过许多家超市。第四是无论任何企业，家家都有一本难念的经，人际关系不协调的问题比比皆是，家乐福有这样的问题不必大惊小怪。远的不说，法国雷诺公司与日本日产汽车公司之间成功重建的典范事例恐怕各位还记忆犹新吧？第五是玩具反斗城公司（Toysrus，全球最大的玩具及婴幼儿用品零售商）在日本不断渗透和获得成功，就是最好的佐证。

与媒体和专家不同，根据本人定期去家乐福购物的经验，我对家乐福退出日本的原因也做了具体分析。第一是卖场规模太大，顾客根本搞不清自己心仪的商品在哪里卖（规模不适当）。第二是周末人山人海，平日门可罗雀（平日卖场使用率和商品周转率不高）。第三是无法突出季节性，不能适时推出应季商品。虽然商品便宜，但无购物乐趣（销售策略问题）。第四是想咨询或求助却找不到导购人员（自助销售与商品结构不协调＝商品策略问题）。第五是价格无优势，与其他商家基本相同，缺乏购物魅力（竞争对策问题）。因此我认为，不是日本特殊国情导致家乐福退出日本，而是商家（家乐福）自身的判断失误造成了其遗恨千古。在此，我再次深深感悟到“失之毫厘缪以千里”这句话多么令人生畏。

（3）如何看待“××至上”？

①“价格”决定一切吗？

某家居广场附近新开张一家家居城后，该家居广场的营业额与前年相比大幅下降了15%。为此，该广场专门召开了对策会议。会上，店长特意举出了几个营业额下降的理由：第一是在价格上败给了对手。本店女顾客人数锐减是因为被对手的大甩卖促销活动吸引走了。第二是与平日相比，节假日顾客明显减少，是因为促销力度不够。从发言中可以看出，这位店长力主用降价手段与对手抗争，看上去是个不错的主意。对此，我们在该家居广场对来店顾客试着进行了问卷调查，主要是想摸清顾客对本店的不满之处，调查结果令我们大吃一惊。

不满之一是断货情况多。不满之二是想咨询或寻求帮助时找不到导购人员，即便找到人也一问三不知，严重缺乏专业知识。不满之三是结账等待时间过长。不满之四是价格相对较高。不满之五是园艺类商品种类偏少。由此看来营业额下降的主要原因并不像店长发言中强调的那样，不单单是价格问题，而是在最基本的经营管理上出现了问题。其实，这些问题早在竞争对手的新店开张之前就业已存在，只是没有机会显露。在没有竞争店前，顾客即便对本店心怀不满也无可奈何，只能到本店来购物。新店开张后，顾客转向新店购物本身就是发泄对本店的不满，客数减少，销售额下降那是早晚要发生的事。如果我们简单地把问题都归结为“价格至上”，我们的眼前就会变得一片漆黑，一叶障目，应该看到的东西或许永远也看不到。

②“价格调查”决定一切吗?

某家大型超市定期对比本店与竞争店的商品价格，他们定时定点监控两店的主力商品（年度销售额前几位、购买频率最高的商品）。某天，他们发现本店的番茄单价高于对手。竞争店番茄价格为99日元，本店价格为118日元，相差20日元。番茄是本店主力商品，价格上当然不能输给对手，因此他们决定降价。

执行降价前，为了慎重起见，他们对竞争店的番茄销售又进行了细致观察。竞争店的番茄单价的确比本店便宜，但陈列量却不多，摆放的位置也不醒目。看得出来他们似乎并不准备论个散卖番茄，主推的是包装成3个一袋的袋装番茄，而这种袋装番茄价格却高于本店番茄的销售价。通过再次调查他们明白了，其实真正的输赢并不完全取决于每个商品价格的高低。于是他们不再主动降低单一番茄的价格，而是选择了增加陈列数和饰面数，把番茄改到显眼的地点陈列，力图给顾客灌输物美价廉的印象。结果不仅获得了消费者的一致好评，同时销售量也比上一周有了大幅增长。

通过上述事例可以清楚地看到，只去调查价格而不去了解陈列场地、陈列数量、销售方式和陈列方式的不同，就不能全面掌握事实的真相，很容易制定出错误对策。

③“种类齐全”决定一切吗?

某大型超市的生鲜部摆放的和牛（日本特产的高档牛肉）卖价太高，几乎很难卖出去，每天都不得不让利促销。让利幅度大，赔本赚吆喝一直是该卖场负责人最头痛的事。为了减少让利亏损，他们决定只精选几种和牛肉，减少柜台的陈列数量。但同时他们也担心这样做的结果会使卖场变得毫无魅力可言。日本的和牛肉不同部位的价格虽千差万别，但普遍高于进口牛肉4倍，高于日本产的普通牛肉2倍，柜台里陈列的和牛肉每天基本上都无法售光。许多商家摆放和牛肉的主要目的只是希望在高档商品上拉开与竞争店之间的档次，吸引高收入顾客的眼球，政策性陈列的意味比较浓。

现实中，平日与节假日、发薪前与发薪后，商品的销售动向明显不同。我认为，商品种类齐全不应该是决定一切的主要因素，应该由消费者的实际生活感受和需求来决定这一切更为恰当。所以，为了满足消费者的实际需求以及继续维持和牛肉的销售，在平日和发薪前应增加筋头巴脑部位（低单价和牛肉）的饰面数，周末和发薪日增加薄片和牛排等高单价商品的饰面数。尽管销售和牛肉是公司的经营方针，但我们并不一定总是要设置、陈列相同种类的和牛肉，选择那些更贴近消费者现实生活的商品种类，对公司的帮助也许会更大。

④“商品”决定一切吗？

某地区男装专营店的社长（店长）对普通商品、时尚品牌都了如指掌，在当地小有名气，深受消费者喜欢。社长本人经常亲自跑厂家或批发商，进一些连大型商场也进不来的个性十足的商品。特别是牛仔裤，从基本款到带有刺绣的、补丁的、破洞的等等，千姿百态应有尽有，商品琳琅满目，大有目不暇接之感。

但顾客买好裤子后，改裤脚需要等待时间较长（需要送到外部加工），一般需要 2 天左右的时间，对此许多顾客都颇有微词。以前他一直认为酒香不怕巷子深，只重视商品销售没把服务当回事，但最近由于附近的竞争店采取了免费改裤脚立等可取的销售策略，给他造成了不小压力。为了迎合顾客“立刻就想穿”“还要来取太麻烦”的心理，他最终决定将改裤脚的小活也由本店亲自做。对自己的商品有着绝对自信固然是好，但如果不准确把握消费者购物时的需求，依旧我行我素自以为是的话，无论他采取什么样的措施都将变成无的放矢。

⑤“良好的服务”决定一切吗？

现在，实施提高服务质量（规范服务）举措的商店不断增加。对于商家来说商品销售固然重要，但参与销售商品的人的姿态、着装打扮以及给顾客的第一印象也很重要。他们加强规范服务的做法我当然举双手赞成，但对有些具体做法我却不敢苟同。

某天午休时，我把准备买的盒饭和盒装蔬菜沙拉放入购物篮拿到收银台结账。收银台的售货员两手放在身前，彬彬有礼地说道：“欢迎您！感谢您的惠顾！请问，您有购物卡吗？”当我付款后，她还会面带微笑说道：“谢谢您！欢迎您再次光临！”但当我打开包装袋准备吃午饭时才发现售货员根本没有在袋中给我装入筷子或叉子。你们想想看，这种本末倒置的规范服务真的有意义吗？

另外，下面的规范服务更让我啼笑皆非。在某商店，当我问到这个新产品味道如何时，你根本想象不出来售货员竟然会彬彬有礼地回答道："感谢您的光临！这是本店客人最喜欢的味道。"难道就不能换个说法吗？如果她有机会试吃过这种新产品，我觉得更应该实事求是地说出自己的感受。如"可能有点辣"或者"又甜又香哟"。我认为，这比点头鞠躬说套话的规范服务更能捕获顾客的芳心，这才是正确的待客服务之道。

以上阐述的都是我长年积累下来的经验和教训。其实，我身边还有许多像这样"差之毫厘谬以千里"的实际事例发生。

第2章

竞争店的观察方式和调查方法

1. 调查竞争店的三个目的

（1）了解顾客的需求与不满

竞争店调查的目的归纳起来有三点。

第一个目的是站在顾客的立场上，了解他们购物时的需求与不满。所谓站在顾客的立场上就是指以顾客的视角去观察竞争店。现在，仍有许多调查者没能意识到借用顾客的视角看待竞争店的重要性，往往习惯于站在调查方的角度上，用自己的眼光去观察对手。

那么什么才是顾客的视角呢？我这里指的主要就是家庭主妇的视角，她们的眼里有着积极面对现实生活的勇气，经常装着：①天气的好坏；②日常生活上的琐事；③电视上议论最多的话题商品；④柴米油盐的家庭烦恼；⑤其他需要关注的事宜等。这些现实生活的变化直接影响着她们的生活与购物。如随着气温的升降，她们对吃的、穿的、原材料以及颜色（不仅是季节性的，每天都会）的需求都会发生变化；在丈夫发薪后，家庭主妇的购物行为也会变得疯狂；对于电视上宣传的新产品，她们比任何人都痴迷；每天傍晚 80% 以上的家庭主妇会为晚餐该吃什么而烦恼；为了配合孩子学校的校园活动以及参与当地的社团活动，她们都会积极改变自己的购买方式和商品的种类。因此，作为调查者的我们也必须像她们那样，时刻保有对生活的真实感受，必须实事求是地面对现实。

当然，对于类似商品的单品数、饰面数以及价格等专业性较强的调查科目，我们需要用专业人员的视角去认真观察，但不应过多纠缠于连顾客都视而不见或根本看不见的那些鸡毛蒜皮的小问题。更不该以专家自居，故意忽视对顾客来讲至关紧要的问题。有些商品特别是食品，有机会就把它买回来试吃一次。不亲自尝尝就不可能了解它的味道，更不要说搞懂它的价格是否合理，因此把竞争店的商品买回来，亲自进行购物对比、试吃对比、试穿对比和试用对比是调查竞争店的最佳手段之一。千万要记住！对顾客来说，价格和味道才是促使他们下定决心最终购买食品的决定性因素。

（2）找出竞争店在最佳位置陈列而本店尚未经销的商品

第二个目的是为了找出竞争店在最佳位置陈列而本店尚未经销的商品。零售业繁荣的历史就是模仿和学习先进商家（企业）的历史。陈列在最佳位置的商品正是商家卖得最好或者最想卖出的商品。

最佳位置专指顾客聚集或主要通行的地方。入口处的特卖场、促销台、平台、平柜和面对主通道的端架、展台以及被称为商品货架黄金陈列线（距地面高度 60 厘米 ~ 120 厘米，商品伸手可及、容易拿取购买）的区域。

竞争店在重点推销什么商品？本店是否也在经营同样的商品？应带着这样的问题去调查。一般来说，在竞争店卖得好的商品在本店肯定也好卖，所以许多商家都派专人定时定点持续观察竞争店的重点商品。

（3）调查同一种商品在竞争店的销售情况

第三个目的是了解同一种商品在竞争店那边的销售情况。当今时代也被称为商品多样化的时代，对此人们不仅会发问，那么好卖的商品（畅销商品）也被多样化了吗？换句话说就是许多种类不同的商品都好卖吗？

从行业杂志发表的POS数据销售排行榜上看，服装、家居和食品都稳居排行榜的上游。即便是体育用品商店，无论是在札幌、仙台、东京、名古屋、大阪或是福冈，它们同样都畅销。因此，与其说商品被多样化，还不如说是在多样化中被集中化更贴切。所以，与其想靠更多不同的东西（包括商品在内）拉开与竞争店之间的差异，还不如稳扎稳打，用眼前最基本的东西拉开双方的差别。

在最畅销时，尽可能多地卖出最好的商品是零售业的一大原则。在这方面，构建了完整的商品销售、陈列和演示体系的商家不仅会在商品销售额方面拉大与尚不健全的商家之间的差距，而且还会大大提高在顾客中的信誉度。在坚持向竞争店学习的过程中，我们也在茁壮成长。

2. 调查需要持续性

（1）要亲自出马

首先要自己亲自出马，用身体各个感官去感受和调查。调查是手段不是目的，目的是把学到的东西真正运用到具体的工作中。委托部下或外部调查机构调查不是件坏事，但在委托他人调查前，最好能用文字明确写下调查目的、需要解决的问题以及希望了解的情况。

有时在办公桌上制订的计划如同纸上谈兵，经常会发生在实际工作中执行不下去的情况，这时考验你的是临机应变的能力。能否及时发出准确的修改指令（变更和修订原计划），就看你自己是否真正掌握了事实的真相。如果事情逼得你非要亲自出马去调查，你也必须放下身段，亲自移动双脚去现场实地了解情况。

（2）对“调查”的误解

我们对调查这个词多有误解。

第一，调查的真正含义是查明事实真相。但很多情况下，调查者会凭直觉和自以为是的臆想判断事实真相，往往把本店不景气的原因归罪于附近新建了大型购物商场，竞争环境恶劣以及经济不景气等原因。这不是真正意义上的对事实的调查。

第二，调查的目的是为了“搞清楚本店所处市场的变化情况”。遗憾的是很多调查都属于一时的心血来潮，仅仅进行了一次就偃旗息鼓。对大部分人来说，每当遇到突发或重大问题时，往往习惯于临阵抱佛脚，会突发调查竞争店的念头，于是就亲自动手或派遣手下对竞争店开展调查。通过一次调查，虽然会对竞争店的情况有所了解，但要想做出准确判断，制定正确对策，明显信息量还不足。因此，调查至少需要进行两次以上才能发现变化，找出问题（这种比喻可能不妥，就像使用前和使用后的感受）。说起来即使你的确做过 N 多次调查，但若顾客十年前被调查时的愿望与一年前被调查时的愿望依旧一成不变，这就说明你的调查结果根本没有真正被落实过。换句话说，通过调查你虽然对竞争店的规模、去年的营业额、毛利率、经费支出等了如指掌，但并没能把它有效运用到本店的商品构成和销售方法中去。

第三，调查是为了“验证自己的想法是否正确”。但如果无端增加调查量（结果导致调查费用增加），反而会引起混乱。

随着消费者生活水平的提高，需求也不断发生变化，偶发性调查已无法掌握事实真相。在调查前，必须先明确调查目的，否则白白浪费宝贵的时间与金钱。更重要的是调查必须坚持下去，不能半途而废，否则前功尽弃。

迄今为止的调查并不属于市场营销学范畴（marketing）的调查，只是普通的市场（market）调查，只反映市场的静止状态，只有持续多次开展调查才能真正了解其中的变化，掌握市场的动态。但现实情况是，许多商家每年都会花大钱，只进行一次大规模的调查就不再继续下去。结果是即便掌握了顾客群中三十多岁的家庭主妇的构成比高这一事实，但由于没有继续调查她们对店铺的具体评价，也就无法搞清楚自己采取的措施是好是坏。只有持续进行两三次调查后，与前一次调查相对比，才能真正搞清楚三十多岁的顾客层数量减少（增加）的真正原因。最终获得的结论是，本店可能忽视了三十多岁年龄段顾客喜欢吃意大利面和方便食品的嗜好，没能在商品销售上满足他们的需求是导致客源减少的原因。

（3）调查三原则

不能持续并定期开展调查，调查就不会有效果。每次的调查应该既简单又省力。详细的数据和庞大的资料除了在开设新店或旧店翻修改造的大工程时才有用处外，平时无用武之地。说句过火的话，上午的调查下午就应该拿出结果，否则煞费苦心获得的调查结果将无法有效运用到卖场的实际工作中去。新鲜的信息只有在最新鲜时使用才最有效果。

为了保证调查的持续性，必须坚持“调查三原则”。即：不多占用时间；不多占用金钱；不多占用人力（见图Ⅱ－1）。

只要方法简便就不会多占用时间。简便的程度应该达到连兼职人员或临时工都能轻松做到，而且做多少次也无妨的程度。不多占用金钱，就不受预算控制，调查才能长期坚持下去。不多占用人力，即在工作时间内也能完成。并且，正因为是在工作时间里开展调查，才能亲耳聆听顾客的真实心声。如果调查既费时费钱又费力，还需要计算机辅助处理大量数据，那我们将永远听不到顾客的真实声音，这样的调查就成了为调查而进行的调查。其实，我们倒不必把调查想象得太复杂，只要乐观地认为能把投入的费用和时间换成调查结果这个礼物带回来，就算没白去。否则调查就成了走马观花，只留下做过和去过的回忆而已。

图Ⅱ–1 调查三原则

真正有意义的调查是只了解想要了解的事情。如果能从一开始就把调查的焦点聚焦在想了解的事情上，切实地设定重点，以想了解的事情为中心开展调查和比较的话，调查就不会东榔头西棒槌，如无头苍蝇一样乱撞。另外，“大致的想法”和“随意的想法”也很重要。如果能大致了解到事实的真相，就能沿着正确的方向前进。在前进一段时间后，可以根据需要再详细调查。所以，它最好应该是任何人都能简单地接手并继续执行下去的调查手法（工具）。再简单地说，这种调查就是把平日购物时感受到的“有点贵或真便宜”“容易买或不容易买”的感觉，用可视化的数据表现出来。

3. 观察和调查竞争店的规则

（1）用三种不同的视角

用顾客的视角或用调查员的视角观察同一个事物，得出的结果会明显不同。正如我在前文阐述的那样，我们必须坚持用顾客的视角去观察。

在调查竞争店时，你是不是也有过这样的举动呢？粗略地走过店内的主通道，既没拿起商品浏览，也不参与试吃，只靠直观判断竞争店的好坏。如果你确实像我所描绘的那样，用参观者的视角视察了竞争店，那你根本无法做出正确的判断。“好店”的判断标准是平日里深受顾客欢迎和被顾客经常光顾的商店。所以，你也必须彻底变身为顾客，只有用他们的眼睛去观察，才能看清竞争店的真实面目。

在调查竞争店时，需要用三种不同的视角。

①用顾客的视角

站在顾客的立场上观察最重要。一定要像真正去购物的顾客那样，手提着购物篮，推着购物车四处搜寻，到处闲逛和试吃。记住！如果商场正在搞试吃活动，试吃一定不能犹豫。即便一件商品也不买，至少要带着采购一件以上普通商品或打折商品的想法。带不带钱没关系，买不买都行，重要的是要有购物的想法。为什么我一再强调必须有购物的想法呢？如果有购物的意愿，你就一定想知道自己想要的商品摆放在哪里，是否容易找到。另外，你还会对这件商品的价格感兴趣，希望了解价格是否合理，商品的质量是否符合顾客的要求，店内的销售方式是否适合该商品等信息。假设你找到了想购买的商品，但尺码不合适，数量也不足，试吃后感觉又不好，你当然不会对这家店评价很高。此外，虽然找到了想买的商品后准备付款，当看到收银台前人头攒动，嘈杂声让你难以忍耐时，你就会产生放弃这次购物的念头。有时，有的店铺看似店内人山人海，其实并没有真正得到消费者的真心支持，只是因为附近没有与其竞争的商家，他们来店购物实属无奈之举。

②**用普通人的视角**

去竞争店调查，就像穿着鞋子到朋友家串门一样，并且还属于免费参观，所以我们一定要遵纪守法有礼貌。切勿长时间驻足货架前，禁止在店内照相和掏出小本记录，不要影响店内正常购物的顾客。更不能像旅游团那样挤在一起喧哗，不仅妨碍该店的正常营业，还会招致反感。如果真想记录，请走到店外或到店内休息区后再拿出纸笔。当然，最好用感官去感受你想知道的一切，这才是真正的学习。相同的道理，如果对方调查员到你的商店做同样不礼貌的事，你肯定也会不高兴。

我的做法如下：

1. 进入商店后，手提购物篮或推购物车；

2. 沿着主通道巡视，掌握整体状况；

3. 去客服中心（咨询台）领取店内购物导图、商品促销简介、广告宣传单等；

4. 确定了想要调查的货品区、商品及促销商品后，开始正式调查。

在开始正式调查前，先买一两件小商品，如电池、袜子或口香糖等，目的是告诫自己，我是一名普通消费者。借此也能提高自己调查的自信心。

③用专业调查者的视角

用调查者的视角冷静地观察竞争店平日的经营状况。与新开张和重装再开业的特殊日子相比，平日的经营状况才能真正反映出竞争店的真实水平。另外，在重大节庆日或例行促销结束后的第二天去竞争店调查，也能准确把握竞争店的日常维护能力（断货、陈列、操作等），考验出该商家的真正实力。接下来要重点观察店内购物的顾客，看看他们都是些什么样的人？穿着什么样的服装？购买的商品与他们的年龄是否吻合？是否巡视了整个货品区？商品价格是高是低？主力商品的陈列是否引人注目？心仪的商品是否容易找寻？总之，有关的具体调查方法，我将在后续的第三章中详细论述。

无论怎样详细地分析数据，有时也无法搞清楚顾客买与不买的真正理由。因此，在竞争店调查上我们最好能做到，对食品要先试吃，做到试吃对比；对日用品有机会就先使用，做到试用对比；对服装要多穿戴，做到试穿对比。也就是说，我们在用调查员的视角观察问题的同时，也应该用普通顾客的视角看问题。

竞争店调查的基础是包括试吃对比、购物对比在内的使用感官的调查。因此，一旦偏执地认为是在“价格上败给了对手”后，恐怕眼睛里除了价格之外就什么也看不见，更无法发现卖场的真实情况了。

（2）八个检查要点

调查价格和卖场面积不是竞争店调查的全部目的，最重要的是帮助本店找出解决目前烦恼与困惑（也是顾客的不满）的突破口。首先要观察竞争店的实际情况，以此推断竞争店的经营思路。

竞争店调查是通过分析肉眼可见的东西，发掘那些肉眼看不见的东西的手段。这种手段才是店家自身的真正的知识和技能，掌握了它有助于提高自身的水平。

我们需要了解竞争店是基于什么样的考虑，最终确定了其商品构成、陈列布局、建筑设备和停车场的车位数。只要搞清楚其思维模式，即使对观察业态和规模不同的店铺都会有所帮助。

①调查来店的都是什么样的顾客？

观察来店顾客的装扮就能判断出该店所处商圈的概况。观察顾客的年龄、家庭构成、来店时的交通工具、着装打扮等情况，不仅能看透该店所处的商圈情况，更能领悟到社会时代潮流的变迁。观察完竞争店的顾客后，再回过头看看本店的商品和竞争店的卖场，你的看法就会发生180度的大转变，此时的你就能清楚地分辨出本店与竞争店的差异。

例如，当你看到竞争店的卖场大尺码服装很多后，你也许会冲动地想自己也应该多上些大尺码服装销售。我倒劝你暂时不要心急，先继续观察一会儿再说。我们先假设一下，该店是以40～50岁消费者为主要顾客群体，然后再验证一下这种假设是否成立。如果假设成立，你就会明白为什么他们需要大尺码的服装。而如果本店是以30岁左右的顾客为主要消费群体，则小尺码服装畅销的机会可能更大。

②卖场氛围能否令顾客轻松购物？

都说价格是决定购买的重要因素，但在购买前能否为顾客创造出触摸商品、拿到手里观察商品的氛围也是决定购买的重要因素之一。

顾客在卖场选购商品时，会在不知不觉中，“哎哟！”注意到了某个商品（Attention）；觉得“这个不错！”引发了兴趣（Interest）；“这个我想要！”开始产生购买欲（Desire）；与其他商品比较后，“我就要它！”下定了决心（Memory）；最后决定“就买它！”并付诸行动（Action）。这就是购买行为五阶段。各取英文单词首字母连在一起，称为 AIDMA 法则。

陈列方法、商品布局、柱子和墙壁上的购物指示牌、待客服务等都是让顾客能轻松购物的先决条件。无论卖场设施多么完善，装修多么豪华，只要这些先决条件达不到令顾客满意的程度，他们就不会来店购物。

③检查售货员待客方式和服务态度

零售业每天展开营业活动的第一步就是问候。因此，要检查顾客跨入店门后，售货员是否立即说“欢迎光临”；与顾客擦身而过时，是否能轻微颔首，同时嘴里说“欢迎光临”；顾客结束购物时，是否说了“谢谢您的惠顾”；当被顾客询问但无法答复时，能否说“请您稍等”，然后把他介绍给能够回答问题的员工。同时，要检查这些动作是否给顾客带来了不快，是否迅速而自然。在调查时，应多观察竞争店待客服务的具体情况。

无论商品质量多好，价格多便宜，如果让顾客在收银台前长时间等待；对顾客诉求不闻不问，优先处理自己手头的工作；对顾客询问爱答不理，应对态度冷漠的话，顾客对该店的印象和评价会一落千丈。当然不仅是零售业，其他行业也有同样问题，但在零售业，这一问题可能更突出，因为零售业是与人直接打交道的行业，这点请各位铭记于心。

④店内环境是否整洁

保持店内环境清洁，给顾客创造一个愉快购物的优质环境很重要。用同样的钱购买同样的商品，谁都愿意在更干净整洁的购物环境中消费。有些商店开始时也注意卫生状况，后来由于店内人手不足，店员每天忙碌、疲惫不堪，逐渐就忽视了保持清洁的重要性，养成了习惯在脏乱环境中工作的惰性。

店内整洁与否也属于被调查的范畴。在调查时，首先应注意脚下的地面是否有丢弃物，然后抬头看看各种器物是否落有灰尘，陈列橱柜里外是否干净通透，POP（point of purchase，店头广告、卖点广告）和商品价格标签是否完好无损，店员的工装和围裙是否粘有污垢，试吃台和展台的角落是否散落着垃圾等。干净整洁的商场，连商品看上去都光彩夺目，店里的店员更是显得精气神十足。当然，来店的顾客也能轻松快乐地采购自己喜欢的商品。

⑤检查商品种类情况

商品种类齐全叫品类丰富，那么商品种类是越多越好吗？

反之，商品种类少就叫品类不全，那就不好吗？某商场的蔬果卖场水果种类齐全，但很少论个零售，而另一商场情况恰恰相反，由于种类少，顾客只能缩小自己的浏览范围，反而很快就能找到心仪的商品。其实，在价格上，这一道理也完全相通，当你在脑袋里具体规划出想要采购的商品后再去逛商店时与你只确定了自己感兴趣和关注的领域后再去浏览商品时，结果会变得大不相同，你会惊奇地发现许多你以前从未能察觉的东西。

比如说，当看到竞争对手在食品卖场放置了许多试吃台后，自己当然也想在本店立即效仿。但在实施前要想想这样做是为什么？如果顾客只试吃而不买的话，这样的试吃就费时费力又费钱，更不会有成效。但如果试吃台旁配上促销员，让他大声宣传，将试吃作为“菜品推荐”其中的一个环节，开展促销活动，这样的试吃活动就容易被顾客理解和接受。这样一来，你就会猛然意识到，试吃成本也可以不用摊销在销售成本里，而是计入促销费用可能更合适。

⑥定价是否合理？

副食品卖场经营的新鲜寿司，在超市售价 680 日元，在百货商店的地下食品卖场售价 1200 日元，而在专营外卖寿司连锁店售价仅 480 日元，价格相差很大。某大型商场炸虾天妇罗每只售价 150 日元，而同样的商场有的要卖到 298 日元。即便是同类型的商家，每家商店的商品价格都不同。但我们不能一概而论地说价格便宜就好，而应先查看标签上标明的原材料、重量、等级、原产地等，同时拿到手里摸摸，若有机会应亲口品尝后再下结论。

有些商家喜欢在卖场最显眼的位置（展台、端架）大量堆放时令商品和电视媒体上正在大肆宣传的走俏商品以及刚上市的新产品。我简单推测了一下他们这样做的目的。这些商品在开始销售后两周内，打出的卖点是新鲜，商家希望通过薄利多销的手段确保毛利率，价格对他们来说反而是次要的。而对于那些本来就喜欢在端架上大量堆放单品低价位商品的商家来说，更是理所当然的，只是多了一次商品促销的机会。

⑦检查商品和卖场的新鲜度（感）

其一是要检查商品本身的新鲜度（感）。虽说检查农产品和水产品可能需要一定的经验，但如果本着自用（买回去食用）的心态，把并排摆放的商品拿到手里对比着看，也能搞清楚大致的情况。对其他商品也应该站在自己要购买的角度上，仔细观察生产日期及商品本身的情况。

其二是要检验卖场的新鲜度（感）。理货补货、持续陈列，保证货品丰富、整齐清洁被称为“日常维护”，即维持一定的状态。货架上商品减少后，把后面的商品向前推移俗称“拉齐排面”，商品售光前追加商品叫“补货”，修正混乱的商品叫“理货”，对齐价格标签、商品标签与商品的位置叫“校正”，要检查以上的日常维护工作是否做到位。不管什么时候去看，这些基础工作都做得井井有条的是好的店家；反之，做得杂乱无章的当然是不良店家。这一点与商店的新旧程度和大小毫无关系。

⑧检查洗手间、休息区和停车场

初次走访要调查的竞争店时，建议你先到其洗手间去看看。所有人都会说，如果连洗手间和休息区都脏乱，那么这家商场和店内商品的日常维护肯定也好不到哪里去。打个比喻，没有哪一个家庭能在自己家里卫生间泡水的情况下，还邀请客人来家里做客。接下来，观察店内是否还张贴着过期的宣传海报，公用电话机旁边的记录用纸是否乱放、不整齐，停车场内是否有丢弃的空易拉罐等。另外，即便你看到“本店停车场车位充足，方便顾客停车购物”的宣传广告也不要受其迷惑，应用你自己的双眼亲自观察一下车辆是否易进、易出，停车是否真的方便，这也是评估竞争店的决定性因素之一。因此，调查工作不只局限在店内，也需要观察店外的情况。维修保养好这样的设施是服务的根本，做得不好是店方不够格，也不配做零售业的生意。

以上介绍了八项检查要点，在观察和调研竞争店时，务必要在头脑里绷紧这根弦，持之以恒，直至把它养成自己的好习惯（见图Ⅱ–2）。

（3个视角）

顾客视角 → 普通人视角 → 调查者视角

↓

① 来店的是什么样的顾客?
② 卖场氛围能否令顾客轻松购物?
③ 售货员的待客方式、服务态度如何?
④ 环境是否整洁?
⑤ 商品种类情况如何?
⑥ 价格是否合理?
⑦ 商品和卖场有新鲜度(感)吗?
⑧ 洗手间、休息区、停车场情况如何?

8个调查要点

图Ⅱ–2 竞争店调查规则

4. 调查竞争店前需明确目的和标准

一间店铺是许多人智慧的聚集。竞争店调查就是为了接触前辈和同行的伟大智慧，也是弥补自己知识不足的绝佳机会。

实施调查前，要先确定调查目的和标准。没有明确目的的调查，等同于一次游山玩水。只有准确无误地调查竞争店，落实并合理运用调查结果，才能真正获取创造新智慧的启迪。

（1）调查前要做好思想准备

①准备工作

首先明确目的和制定标准，然后确定携带的工具。业态相异业种也不一样，观察者的立场当然会有差异。出发前还没做好以下三种准备，切记千万不要去竞争店调查（普通的购物可以），更不能对竞争店品头论足、妄加评论。在准备出发前，应先熟悉自己身边的情况。

a. 无明确目的不去调查。

自己负责的一摊工作出现了问题，需要寻找新的解决办法；企业（商店）面临困难，需要寻找解决的突破口；了解停车场最佳的停放规模；了解超市里非食品类商品的内容；了解折扣店的中心价格以及为维系低价和低成本运营采取的具体措施；了解竞争店对策的具体方法。以上这些都可以作为竞争店调查的目的之一。

b. 无明确标准不能胡乱评价竞争店。

有了明确标准才能判断好坏。拿什么做标准：是拿本店与竞争店做对比？还是拿双方店内的重点商品（目前的必卖商品）做对比？是拿运营成本做对比？还是拿打造高品质卖场的努力做对比？总之，没有明确标准不可妄加品论。

c. 无实用工具和切实可行的手法不去调查。

随身携带光度仪（测试店内亮度的仪器）、卷尺等常备工具。使用价格收集表、MD差异化调查表、陈列布局记录表等，收集和整理竞争店信息。

②观察法与调查法

顾客的视角与参观者的视角不同。参观者认为是好的商家，顾客不见得同意这种观点。因此必须先变身为顾客，一边实际购物一边实地观察。

a. 无须为规模大、做法奇特而感叹。

在业界呼声较高的商家（受媒体和评论家青睐的商店）大多是一些打着“实验”这一名号的猎奇商家，但在生意上这种投机想法太天真，实用价值并不高。虽设想不错，但最终都只是昙花一现。

b. 不要管中窥豹。

也许你的专业是建筑，但也不能忽视对商品、服务和购物者动向的调查。因为顾客对商店的评价不是只局限在某一点上，而是包括收银台服务在内，针对商店整体的印象做出最终评价。

c. 别忘记考察其运营体系构造。

该店能够稳定和维系低价格的营运体系是什么样的？没有规范的体系的支持，任何措施都是短命的，不可能持续下去。限定商品种类的数量好，但不限定也不能说不好，总之重要的是要看在配备商品种类的背后，有没有维系这种运营体系的架构。

③实践方法

掌握了理论不去实践，这样的调查只不过是一次单纯的外出学习。与调查和分析相比，应该把更多的时间用在实践上。

a. 确定本店的顾客类型。

即便了解到竞争店的商品种类丰富，但由于各自的目标顾客不同，这种调查结果也无法直接在本店具体实践。要根据顾客的年龄、收入、地域性、对商店的期待（包括要求）等不同，改变商品的销售方法和陈列方式。

b. 本店的目标是什么？

是彻底追求低价位吗？是追求高质量的服务吗？是强调尺码全、多用途等功能吗？是追求时尚、品牌、信息提供等趣味性商品吗？有自己的经营理念吗？实施得如何？应该明确自己的目标。

c. 本店能做什么？

该学的东西很多，但能否实践要有自知之明。首先应该掂量一下自己都具备哪些经营资源，然后再决定哪些能做、哪些做不到（可以交给其他商店和企业做）。

以上切记。

（2）明确目的

首先要明确调查的目的。自己到底需要了解什么？需要具体实践什么？需要解决的问题在哪里？是否因为滞销商品多，引进新产品迟缓，尖端技术不足而烦恼？是否由于开展的推荐菜品活动不顺利而苦恼？

再进一步说，是想了解竞争店下属各卖场的魅力吗？是想知道竞争店有多少种服务方式吗？是想调查商业街那种不用花钱也能保持活力的奥秘吗？是为在郊区建设的大型购物中心准备业种构成、租户构成的参考资料吗？目的不同，观察方式和调查方法也不一样。没有明确目的的调查是不会有任何成果的。

表Ⅱ–1 各厂家液晶电视陈列数量表

店名 厂家名	A店	B店
S社	11	4
T社	1	0
So社	2	2
L社	0	2
P社	0	1
合计	14	9

下面我将举出具体实例进行说明。

①液晶电视

表Ⅱ-1是两家商店在液晶电视陈列数量上的对比。初看似乎B店商品品类更丰富、样式多，自然会在心下暗暗认定B店在消费者心目中更有魅力。的确，能有机会从众多品牌中选出一款心仪的液晶电视，购物者当然会获得无法用言语表达的快感。但是，对那些来店之前早已在心中确定了购买目标的顾客来说，就没有必要左顾右盼，会义无反顾地立即买下。

从调查阶段开始，调查的目的不同，最终会导致什么样的不同结论呢？我将结论重新梳理如下：

◎目的一：哪家商场品种更齐全？

B店陈列S公司4款机型，So公司和L公司各2款机型以及P公司1款机型，共计9款机型的液晶电视。除T公司以外，品种基本齐全。

A店陈列S公司的液晶电视数量远多于其他公司，多达11款机型，So公司2款机型，T公司1款机型，共计14款机型。但是，没有陈列价格最便宜的L公司和价格最高的P公司的液晶电视。

因此结论是，B店比A店经营的品种多。

◎目的二：哪家商场更容易购买？

A店的重点放在了S公司的畅销机型上，陈列数量也最大，其他公司的产品像在凑品种，明显是在做陪衬。而B店虽也展示了畅销商品，但同时也陈列了几乎所有不同型号的产品，重点不突出，看不出他们想卖什么。结论是：对于已选定目标商品的消费者来说，A店更容易购物。但关键的问题是，如果A店不了解市场动向，没有掌握畅销商品的信息，押错宝选错了重点销售对象，对消费者而言A店的商品则会毫无魅力可言。

表Ⅱ-2　保温饭盒的价格·品种数·陈列量登记表

价格＼店名	A公司		B公司	
	单品数	陈列数	单品数	陈列数
1980日元	0(–)	0(–)	2(18.2)	110(75.3)
2980日元	2(15.4)	12(24.0)	2(18.2)	10(6.8)
3480日元	5(38.4)	22(44.0)	1(9.1)	5(3.4)
3980日元	2(15.4)	5(10.0)	5(45.5)	15(10.4)
4480日元	2(15.4)	6(12.0)	1(9.1)	6(4.1)
4780日元	1(7.7)	3(6.0)	0(–)	0(–)
4980日元	1(7.7)	2(4.0)	0(–)	0(–)
合 计	13(100.0)	50(100.0)	11(100.0)	146(100.0)

（注）(　) 内是构成比

②保温饭盒

表Ⅱ-2是保温饭盒的价格、品种数和陈列数的对比。A公司在2980日元~4980日元价格区间内有13个商品品种，陈列数50个。B公司在1980日元~4480日元价格区间内有11个商品品种，陈列数146个。在颜色、款式、设计上双方不分伯仲，但由于B公司陈列数量巨大，更引人注目。

◎目的一：哪家商场陈列的低价商品最多？

A店陈列商品的最低价位是2980日元，B店陈列的最低价位是1980日元，比A店还低1000日元（颜色、图案基本相同，系本店自行开发的自有品牌）。并且该款商品陈列量大得惊人，从展台、端架到柱子四周，一共摆放了110件保温饭盒。因此可得结论：B店商品种类齐全，价格也明显便宜。

◎目的二：哪家商品周转率更高？

只做数据对比当然一目了然，但在卖场只能类推。不仅要参考此表，还要综合卖场的关联陈列一起判断。A店陈列量比B店少，陈列场地分在两个地块，三分之一陈列在常规货架上，三分之二与不锈钢水壶、饭盒等关联商品一同在展台上展示。虽然保温饭盒陈列数量不大，但被打造成“出游季”和“午餐特集”的主题，颇引人注目。

回头再说B店，除围着柱子码放了约3米多高的保温饭盒外，还在展台、端架和常规货架上拥挤不堪地摆满了保温饭盒。

虽有些令人犹豫不决，但结论是确定的。商品周转率的计算公式简单来讲就是销售额 ÷ 平均库存量。陈列量大小不重要，重要的是卖出多少，而该类型商品的特征不是那种一看便宜就会让人冲动想购买的商品。另外，B 店的陈列方式也很差，商品被放到伸手够不到的货架最深处，库存管理做得也不好。因此可判断，A 店的商品周转率必然更高。相反，我倒担心 B 店陈列那么多商品最终能否售光。

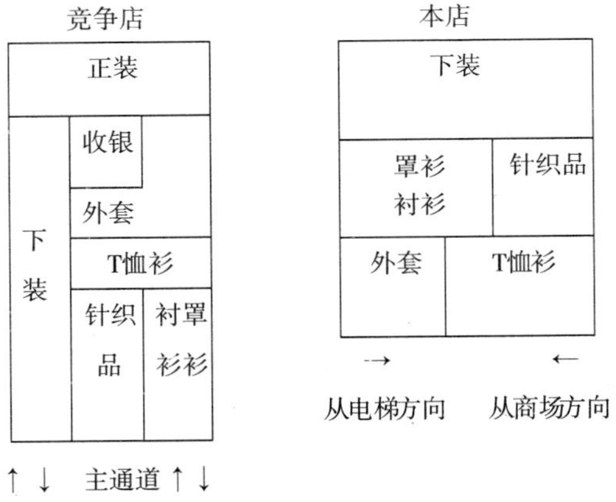

表Ⅱ–3　女装套装卖场示意图

③ 女装套装

图Ⅱ–3 是某大型商场女装卖场布局与本店商品配置的对比表。两家店都陈列了琳琅满目的上装（外套、衬衫、针织衫）和下装（裙子、长裤、内裤等）。本店卖场负责人曾自信地说：“我们的商品卖得好。”于是我带着特定的目的，再次走访了两家卖场。

◎目的一：哪家卖场上装卖得多？

正如本店卖场负责人所说，本店的上装陈列确实抓人眼球，被安排在商场入口附近，罩衫、衬衫、针织衫的陈列数量大得惊人，价格也便宜。单凭这一点就足以认定本店应该比竞争店卖得多。陈列数量既大价格又便宜的原理在零售业古往今来都行得通，对消费者最具魅力。

◎目的二：哪家店商品组合更合理？

本店在靠近入口处陈列上装，稍微靠里陈列下装。但从入口处无法直接看到下装卖场，只能等顾客花些时间转回来后才能发现下装。

而竞争店则在入口左侧摆放下装，右侧摆放上装，在展示台演示时装搭配。这种即入眼帘、魅力十足的陈列，无论谁看到都会一时冲动想掏钱买几套穿穿。对于目的二的问题，结论自然大家心知肚明，本店卖场负责人那句“我们卖得好”似乎就有待商榷了。

调查目的不同，评估结果当然也不同。在这之前，你们有没有过调查漫无目的，回来后随便给出评估结果的行为呢？以这种评估为基础制定对策后果不堪设想，想想都令人感到毛骨悚然。

（3）明确标准

拿什么做标准判断好与坏、行与不行，是拿本店做对比标准？还是拿应季商品的营销方式做对比标准？或是用好吃不好吃做对比标准？但有人说好吃，有人不以为然，那就用含糖量高低做对比标准吧？总之，没有统一的标准就不要轻易对本店与竞争店下评估结论。此外由于调查时间有限，就必须抓住重点按标准去观察和对比。

对商品感兴趣的人应该彻查重点商品（目前最畅销的商品），调查不同价格的商品陈列数、饰面数、销售、陈列和展示的方式等。商业的原则是在商品最畅销的时候，选择最好的商品，尽量多的售出。因此，商品销售、陈列和展示工作做得好的商店一定会成为业绩斐然的好商家。

与设备有关的人员在关注照明、内饰、布局和器具等硬件的同时，更应该关注自己负责的硬件部分如何为以商品和服务为中心的营销工作做好服务。在保证卖场魅力十足，避免给人廉价感的同时，也应尽量减少与商品不匹配的设计和画蛇添足式的装饰物，这些也会造成投资效果不佳。

那么，应用什么标准观察竞争店呢？一是商品；二是价格；三是时间，这是三个具有代表性的标准。

① 把商品作为标准

观察不需要面面俱到，商品中有主力商品和重点商品，甚至还有令人头痛的滞销商品。

什么是主力商品？在一年时间里，持续稳定处于畅销前 5 名的商品。有些商场把销量前 10 名的商品，有些部门则把前 30 名的商品都定义为主力商品。

主力商品是指在店铺经营中，无论是销量还是销售额均占重要比重的商品，是零售企业为确保一定的销售额及毛利，特别策划的不受季节和潮流影响而每日、每周、每月都能畅销的重点商品或重点商品群。主力商品的增加或减少，经营业绩的好坏直接影响商店经营效益的高低，决定着商家的命运。

重点商品也称作畅销商品，是指必须在最佳时期适时推出、“现在不卖更待何时”的商品。是指市场上销路很好、没有积压滞销的商品。任何商品，只要受到消费者欢迎、销路好，都可成为畅销商品。比如，在电视上广泛宣传的商品，当前市场上走俏的商品。

滞销商品是指因为一些原因不受消费者欢迎而导致销售速度极慢或根本卖不动的商品。滞销商品的周转率低于商品整体的平均周转率。

通过调查才会发现，有些商品在自己的店里卖不动，但在别人的店里却卖得不错。所以，我们决定不再把全部商品都作为调查对象，开始以主力商品为中心开展调查。主力商品也被称为零售业的饭碗，商家和企业都是靠它赖以为生。重点商品是锦上添花，能增加营业额。滞销商品是我们千辛万苦走遍全国各地，与众多供应商费尽心机谈到手又卖不出去，令人寒心的商品。造成滞销的原因不仅仅是价格的问题，陈列位置不醒目，销售方式太落后也可能是原因之一，所以对滞销商品必须尽早制定处理方案。

把商品分成不同的几类加以观察后，就会彻底改变以往的应对策略。首先，在保证主力商品的饰面数、陈列数的同时，应尽量减少主力商品的断货。对于重点商品，争取在最佳时机，用最吸引眼球的方式销售出去。至于滞销商品，首先要重新制定合理的价位（合适的购买量），改为到合适的地方展销，找出它独有的特性并大张旗鼓地进行广告宣传。只要能看得准目标，就能找出问题根源。这才是在短暂和有限的时间里行之有效的最佳方法。

② 把价格作为标准

大部分消费者更关心价格问题。当然，商家（尤其是高档专卖店）也不例外，在调查中往往更偏重于价格调查。“那家店价格真便宜。”听到这些流言时应该多长个心眼，看看他说的便宜是指哪种方式的便宜。是普通价格（标准价格）便宜吗？还是彩页广告中的商品便宜？或是促销和打折时便宜？这些便宜的意义完全不同。如果不分清在何时何地、何种情况下便宜（贵），“价格”就容易流于臆想。退一步说，即便是“便宜”，但消费者的标准和商家的标准也有所差别，因此不能成为事实依据。

我们应该把便宜和便宜感分开进行讨论。

<便宜>

如果单纯比较价格，“便宜10日元”和“贵100日元”，“标准价”和“比标准价低10%”等，都被称为绝对价格，是针对相对价格而言的。如果还不明白的话，可以把它简单看作是单纯的价格比较。一般来说，消费者对某商家的评价许多都基于单纯的价格比较。举例说，番茄的大小不一，甜度也（品质）不同；100%棉的衬衫与腈纶混纺的衬衫不同，把这些不同品质的商品硬放到一起比较，谁都知道这毫无道理。而事实却是，消费者对便宜（贵）的感觉和印象，比起重量、品质、材料的因素外，更多的还是来自于用POP表现出的价格。

另外，中心价格是指商家、企业最想卖出的商品价格，也是陈列数量最多的商品，在销售的价格带中，销售数量最多的价格，即合理价格。例如，有 1980 日元和 2980 日元两种价格，前者的评价是便宜，后者的评价当然是贵。在详细调查不同价格商品的陈列数量并将它制成图表图解后，就更能一目了然（详情我将在第 3 章的第 1 节中详细阐述）。对于这种情况，消费者是难理解的。

下限价格是指商家、企业经营商品中的最低价格。其实，消费者更愿意拿下限价格来评价“这家店价格高”“那家店价格低”。反之，如果商家的店内上限价格（商家、企业经营商品中的最高价格）显眼的话，即便其他商品价格便宜，消费者也会评价这家店的商品价格高。详情我也将在第 3 章的第 1 节中详细阐述。

< 便宜感 >

价格上有绝对意义的便宜和感觉上相对便宜的“便宜感”两种。其实，无论价格多便宜，只要陈列位置不够显眼，根本没有人会认为它便宜。再加上如果陈列数量和饰面数过于稀少的话，或许消费者连找都找不到。

曾经有人拿着某家商店发行的传单广告去该店寻找广告上的商品，结果发现那些广告商品不是被堆放在柱子的后面，就是被塞在卖场的角落，找到它花费了很长时间。如果是普通消费者肯定会半途放弃不再寻找，会评价那家店并没有广告上的商品（等于没有便宜商品的意思）。此外，即便有那种商品，如果陈列数量不多而发生断货，同样会被消费者抱怨广告商品太少（骗人广告）。

如果商品真的便宜，就更应该增加饰面数和陈列数量，摆放在醒目显眼的地方，让消费者真正体验到便宜。只要把便宜和便宜感二者真正地结合在一起，就不会辜负消费者的期待。

③ 把时间作为标准

在调查工作中，记录是在几点几分发现了某种情况这个时间点十分重要。随着每日营业时间的滚动，来店购物的消费者群体会不断变化。上午一般60岁以上的老年顾客居多，中午公司白领女性和上班族蜂拥而至，下午多见年轻的家庭主妇悠闲购物，傍晚时分又变成40多岁中年妇女的专场。晚上19点以后，白领女性和大学生又成了购物的主角。

当然，伴随来店顾客群体的变化，店内商品的布局和配置也必须随之进行调整。拿服装来说，上午应该给人模套上素朴、宽松的服装。晚上销售的重点则应该放在白领女性身上，在主展台展示收腰剪裁的高档名牌服装。在主副食（寿司）销售上，应多摆些油炸食品以及蛋卷、鸡肉卷和鱼肉卷等速食食品。晚上，最好能多增加寿司等食品。

总之，如果不能明确某一情况是几点几分看到的，就会导致判断上的失误。在决定把时间作为标准开展调查后，最好采取分时段调查的方式。即把时段分为 10、12、14、16、18 点等 5 个时段，错开时间去观察，这样你会惊喜地发现卖场在变化。并且，当观察过客流稀少的空闲时间段和顾客蜂拥而至的高峰时段后，你对竞争店的评价就会变得截然不同。“为什么这家店顾客多，那家店顾客少？”当你听到这样的质问时，完全可以明确地反问他“你问的是哪个时间段”。此外，平日（周一至周五）和周末（六、日）以及节假日客流量又不尽相同，甚至在每月发薪前后，顾客的购物方式都会有所变化。而以往，把时间作为标准的调查确实没有被重视过。

④ 其他

在食品销售上，用“推荐菜品”作为标准，仔细调查各商家推荐菜品的不同之处（西餐还是日餐）。或者把我在前面刚刚提到过的“轻松寻找广告上的商品”作为标准观察的话，结果可能变得更有趣。另外，把“哪家店更容易被调查”作为标准观察竞争店的话，也会得到额外的惊喜。“容易被调查的店就是容易购物的店，而容易购物的店又是店员容易工作的店，店员容易工作的店必然是商品卖得好且利润高的店。”当然，这句话倒过来说也成立。

务请诸位一定要先确定好目的和标准，再实施对竞争店的调查行动。

（4）选择什么调查手法（工具）？

目的和标准确定后，手法会自然而然地随之确定下来。奉劝诸位千万不要一味地选择容易调查和业以用惯的手法（工具），重要的是选择适合本次调查目的和标准的手法。记住手法是根据目的和标准而定的，但以往几乎都是在调查前就先确定了手法。目的是什么？是否有标准？搞清楚这些问题后，接着才能决定手法。换句话说，硬件是软件的结果。

那么，具体应该怎样挑选呢？我将在第 3 章中具体论述。

第3章

竞争店调查的各种手法

1. 价格调查

价格调查不仅是零售业，也是所有产业都在实施的调查方法。消费者在购物时，首先会确认味道和功能、样式和尺寸，然后再对照自己钱包内的实际情况，最终仍以价格来决定是否购买。另外，对经营商品的人们来说，价格是由数字组成的，容易调查、容易对比，也容易拿来制定具体对策。

竞争店标出 990 日元，本店就打出 980 日元与之对抗，竞争店打出 148 日元，本店抛出 138 日元的低价就能胜出，类似的单纯对比较多。如果打着满足消费者的幌子，名正言顺地不断降价，但企业和商家还没有构筑好维系低价销售或低成本运营的体系，最终就将被拖入谁都不愿看到的消耗战中（凭体力赌输赢）。

本书讲到的价格重点调查与通用的价格调查和调查价格的要点内容基本相同，只是在具体运用上有些区别。

（1）目的——掌握有效的价格策略

第一是通过调查竞争店的价格，了解竞争店的经营理念、商品策略和价格策略。某价格的商品陈列量最多，这种价格就是该店力推（强调）的价格。例如，蔬菜中低于 198 日元的商品最多，这说明该店正在试图为自己树立价格合理和低价感的形象。又如，男装衬衫最低一档价格为 2900 日元，而上一档一跃就跳到 5900 日元且陈列量大，则可以推断该店今后力推的是高品质的商品。

第二是调查竞争店现状，了解双方的差异点，避免陷入不必要的价格竞争中。我们从事零售业，要生存和发展就必须获取利润，因此需要准确区分哪些是受价格因素制衡的商品，哪些是不受价格因素制衡的商品（参考图Ⅲ –1 某店铺实际应用中的商品区分标准）。

①必须用价格应对的商品
a.购买频率高的商品（特别是主力商品中的中心单品）
b.知名度高的商品（著名厂家的主力商品）
②不用价格应对的商品
a.购买频率低的商品（包括知名度低的商品）
b.紧急出货的商品（除此之外还有新产品和话题商品等）
c.难以比较的商品（质量、样式、尺码、材料、产地不同的商品）

图Ⅲ –1 商品区分标准

第三是随时掌握竞争店日常价格（特别是广告促销商品和普通促销商品），快速采取相应对策。无须搞不必要的降价促销，要重点观察关注度较高的商品（特别是购买频率较高的主力商品）。千万不要有“价格与我无关”的想法，否则会迷失方向，丧失了解竞争店真相的机会。所以，一定要定时、定点去观察竞争店。

（2）推进步骤——从决定调查商品到消化调查结果

① 选定要调查的对象商品

选定对象商品是一项重要的工作。首先要决定从主力商品、重点商品以及滞销商品中选择哪一个。即便是小小的便利店也经营多达2800多种商品，据说家居中心经销的商品种类高达15万种之多。如果不去重点选定某些商品，谁也无法承受如此庞大的调查量。因此，“调查应只了解想要了解的东西”是根本原则，据此选出要调查的对象商品。当然，商品以外的服务（包括服务态度、服务方法和卖场导购等），也在调查的范围内。

② 按照不同价格，分别清点陈列数与饰面数

这种调查不需拘泥于商品的品牌、尺寸等（质量和材质），

只看价格就行。基本要点是按每种价格分别清点数量。对相同的商品以及用隔板隔开的商品（加工食品和家庭用品等），不用每一个都清点，只要计算饰面数就行。前提是竞争店与本店都要按相同的标准计算数目。对服装卖场，如相同衣架上的商品价格一样的话，可按2900日元乘三尺衣架10个的方式简单计算。

计算生鲜食品数量时，一般有两种计算方式，按包装袋数计算和单独计算饰面数，一般都是以计算数量为主（特别是在上午）。下午在陈列布置完成后，则按照不同价格计算饰面数也没关系。总之，计算方法越简练越好。越简单越容易比较，调查也更容易持续下去。

还有一点很重要，即是按单位价格还是按定额计算。定额是指每包的单价，如每包480日元或580日元。以前，单位价格是指每100克多少钱，即，100克＝250日元，200克=500日元（标签或标出500日元）。标签上只简单乘上需要的重量，表示合计的价格。现在，为突出低价感，许多店方都先标出定额，再根据定额调整商品重量。虽然单位价格很高，但看上去前面的定额价格并不高，即故意强调低价感。其实，对于商家来说，单位价格通俗易懂，但顾客可能觉得定额价格便宜，反而评价更高。对调查者来说反倒是件头痛的事，调查时必须对单位价格和定额都做记录，才能真正了解竞争店的价格策略。

表 III–1 价格调查统计一览表样表

调查者：

调查商品：　　　　　　　　　调查日：　　年　　月　　日（　）

店名 / 价格	店	店	店
日元			
合计			

③ 填写一览表

制作简单图表（形式不限），从上到下，按价格顺序由高至低排列（见表 III–2）。填写促销商品和广告商品时，最好在价格后面加上注解，方便以后使用。该表主要是为填写我将在下一部分介绍的“价格重点坐标图”（本人称为 PF 坐标图。P 是英文 Price——“价格”的首字母，F 是英文 Face——“饰面数”的首字母）做准备的。

填表很简单，但如果不同价格的商品数量太多时，都做详细登记行数肯定不够。特别是填写 PF 坐标图时会显得更杂乱无章、难以辨认，就会很难消化、理解调查结果。在此，可以参照表 III–3，把 101 日元～ 150 日元价格区间内的商品分成一组，151 日元～ 200 日元的分成一组，以此类推。按照价格区间分组，不失为一种好方法。另外，用构成比计算单品数也是能使填写 PF 坐标图更容易的好方法。这是为什么呢？因为调查不同面积卖场的陈列数量时，大的卖场面积大、陈列数量多，多少会占便宜，这点毋庸置疑。因此在对大小不同的店做对比时，只要采用构成比的方式，某种意义上就可以让它们站在对等的立场上参与对比。

表 III–2　蔬果部价格调查统计一览表

企业(店) 价格	本店单品数	构成比	A 店(SM)	B 店(DS)
① 50 日元～100 日元	17	14.9%	22.7%	47.6%
② 101 日元～150 日元	67	58.8%	41.8%	41.1%
③ 150 日元～200 日元	23	20.2%	26.3%	8.1%
④ 201 日元～250 日元	7	6.1%	4.6%	1.6%
⑤ 251 日元～300 日元	0	0%	4.6%	1.6%
合计	114	100.0%	100.0%	100.0%
⑥ 150 日元以下的构成比①＋②	84	73.7%	64.5%	88.7%

④价格重点坐标图（PF 坐标图）

坐标图的横轴填写价格，纵轴填写陈列数与饰面数，按照不同价格的陈列数（饰面数）顺序用点符号填写。填写完毕后，把每个点用线串联起来。因为同时填写了竞争店和本店的信息，为了避免搞混，最好把竞争店换成●印记，把本店换成○印记（或用实线和虚线串联），这样就能做到清晰可见。图 III–2 是在表 III–2 构成比的基础上图表化的示意图。

图Ⅲ–2　价格重点强调点坐标图(PF坐标图)

调查者：铃木

调查商品：蔬菜(展台中心)　　调查日期：2005年6月11日(周六)

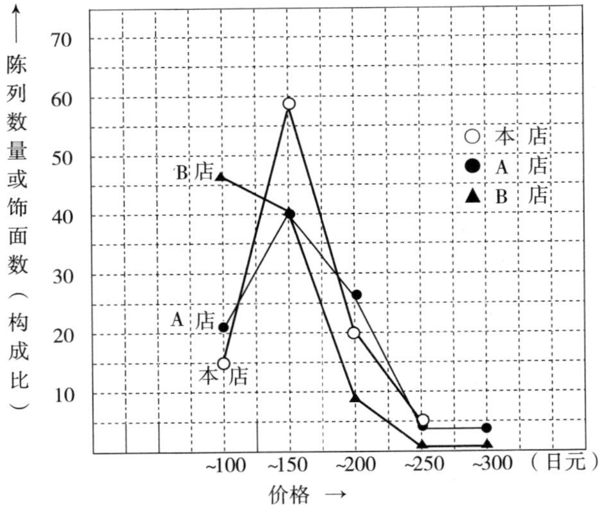

说明：

① B店100日元以下的商品构成比接近50%，最便宜也最具便宜感。是DS(折扣店)型的SM(超市)，是本店最应该关注的竞争店。
② A店有5种价格带，摆放着部分高档寿司。
③ 本店101日元～150日元价格带的构成比接近60%，150日元左右的寿司高达70%以上，最具便宜感。但为抗衡B店的廉价销售，应该再加强100日元以下寿司的零售。

⑤ 在内部慢慢消化调查结果

首先确认价格的中心价格、上限价格和下限价格在哪里，然后再观察价格（价格线）分多少种。图Ⅲ –3 对坐标图如何解读进行了整理，有必要作为一般常识牢记在心。

实际上应用这种观点做具体分析的是图Ⅲ –4。图Ⅲ –4 是对郊区型（城乡结合部）男装专卖店、大型商场和百货商店的男装部做了调查后制作的坐标图。这是很早以前我亲自实施的调查，对每一家店铺只进行了 10 分钟的调查，共计用时 30 分钟。虽然不是花费大量时间进行的正式调查（特别是对专卖店的调查，一进店门服务员就走过来热情招呼我，使得我无法在店内长时间滞留），但对掌握专卖店的价格策略多少能有帮助。

通过调查我发现，其实大型商场比专卖店更看重价格的因素。大型商场的男西装下限价格为 29,000 日元，上限价格为 49,000 日元，中心价格为 39,000 日元。看得出来，大型商场最想卖的、重点强调的、全力打造的是 39,000 日元的商品。郊区型（城乡结合部）专卖店西装下限价格为 7800 日元，但陈列数量不多（尺码也不全），估计只是招揽顾客的幌子。其实，看得出来该店并不是真心力推这种下限价格，只是为了给顾客一种价格低廉的印象，为吸引顾客的眼球罢了。他们这样做的目的不是想搞所谓下限价格的竞争，其实他们也早已厌倦了价格的消耗战。

图Ⅲ–3　价格重点坐标图(PF坐标图)的解读方法

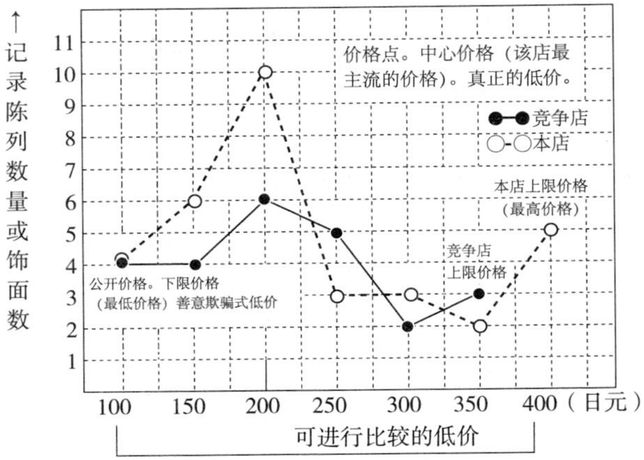

● 分析的视角：

① 重视坐标图中的中心价格（合理价格）。因为是顾客最关注的商品种类的价格。

② 从图上的实例可以看出，本店中心价格（最主流的价格）的商品种类之多已经超越了竞争店，似乎是有意识通过增加附加值高的商品种类，拉开与竞争店之间的差异。

③ 价格带是指下限价格与上限价格的区间。本店价格带是指 100 日元到 400 日元之间。下限价格是瞬间给顾客便宜感的价格（多摆在入口附近或端架上）。我把它称作“善意欺骗式低价”。

④ 价格线是指价格带之间的各条价格。本店共有 7 条。如果价格线条数过多或价格带过宽，顾客就难以搞清楚商品到底便不便宜。所谓“可以进行比较的低价”是指价格线清晰可见，条数比较少。比较窄的价格带更能带给人便宜的印象。

（3）实例研究——增加价格以外的新标准

现在，单从价格上已经无法准确判断商家了。像耐克的气垫跑鞋、香奈儿的手包等，这种用品牌价值来评价的商品越来越多。消费者在购买运动鞋或手包时，已经不再优先考虑价格的高低，而是关注是否有自己需要的品牌。

图Ⅲ–4　男士西装价格重点坐标图(PF坐标图)

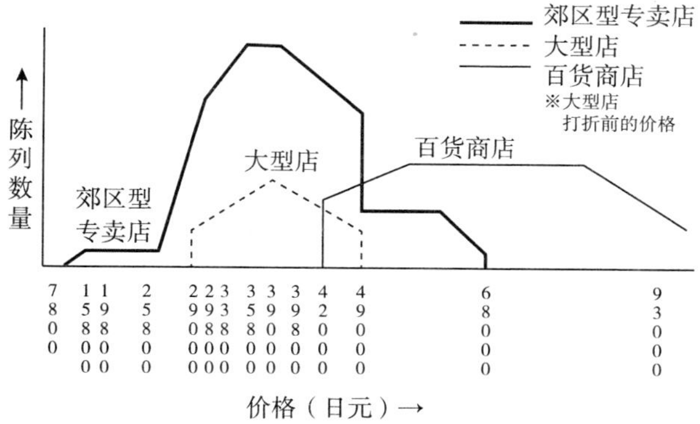

另外，推荐菜品和私人定制的魅力有时也会超越价格的魅力。如糕点师的特制点心、当地名牌商品关东煮的原材料等，可供选择的商品种类越来越丰富。于是PF（价格与饰面数）不再是判断商品的唯一标准，需要再增加一些新的判断标准。例如，人们对韩国泡菜味道的喜好不同，有喜好重辣的，有喜好中辣的，所以按口味调查饰面数也是一种十分有趣的观察卖场的好方法（TF）。或者按颜色调查饰面数（CF），也不妨在包装袋、包装盒和包装样式的调查上试试手。对运动鞋、手包、高档服装来说品牌就是生命，所以也要进行BF（品牌与饰面数）和MF（厂家与饰面数）的调查。对于家电和寝具等商品来说功能和原材料是命根子，所以要像 FF 调查（机能 = 功能和饰面数）一样，开展适合商品特性的调查。通过这样的调查，我们就能掌握竞争店的商品策略（厂商对策）和基本的经营理念等。现在，价格只是价值的一个组成部分，因此我们需要根据不同的目的和标准，大胆地去改变自己的调查手法。

图Ⅲ –5 是尺码重点的调查实例，用 SF 坐标图表现。S 代表尺码。在价格重点调查上，本店中心价格比竞争店低，受到一致好评。但在尺码重点调查上（SF 坐标图），与竞争店相比，本地公认的标准中心尺码 11 号的商品品类不全，甚至没有女士 15 号尺码。对于服装销售来说尺码就是生命，即便价格再低，设计再好，如果穿上不合身，消费者也绝对不会购买。

图Ⅲ –5　尺码重点调查(SF 坐标图)

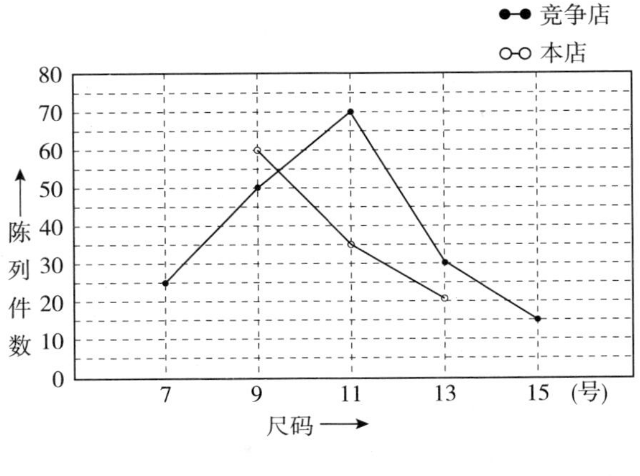

图Ⅲ-6　男童校礼服尺码重点强调点调查

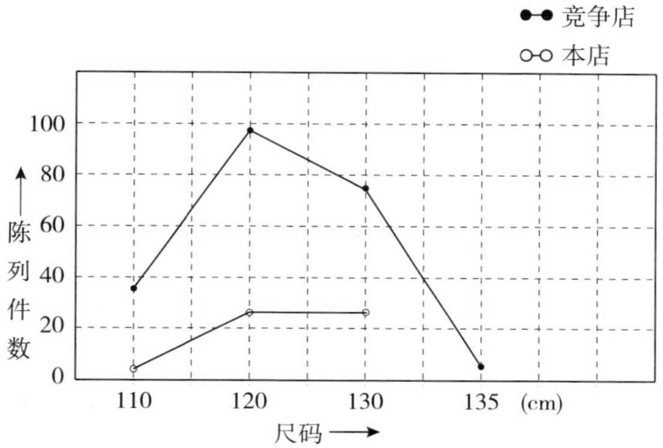

图Ⅲ-6是男童开学典礼用正装的调查实例。在男童入学正装的销售上，竞争店的价格在9800日元至19800日元的区间，共有5种价格线（中心价格是14800日元）。本店则在12800日元至20000日元的价格带之间，有4种价格线，中心价格是15800日元。事实是竞争店的价格低，且陈列量也丰富。在进一步调查尺码的重点后，发现竞争店的中心尺码是120厘米，尺码范围在110厘米至135厘米之间，范围也很大。与其相比，本店120厘米的中心尺码商品品种不全。可得出结论：根本卖不过竞争店。

2. MD差异化调查（购物印象度调查）

很多人都不太清楚MD差异化调查，因为这是我独创的调查手法，是在实施顾客抽样调查时，急需使用而创造的。顾客不是单凭价格因素选购商品，而是在综合考虑到商品的质量、样式、材质、尺码（重量）、味道、店内商品布局（易于寻找）、陈列（易于购买）、POP、服务（印象好）、试吃（试用、试穿）、收款台服务等种种因素的基础上选择购物的。我这一想法的出发点是，如果顾客是根据上述店铺综合印象做判断的话，就无法单独调查顾客的购物印象。因此，我才创建了这一调查方法，该方法被我称为MD差异化调查。

MD是英文Merchandising的简称，用于阐述商品计划、采购政策、商品本身、商品特性和特色，即有关于商品的一切都可以称为MD。企业的MD力是经销商采购力加上店商销售力的合计，两者缺一不可，否则消费者无法感受到该店商品的优势。

(1)目的——在店内了解顾客的直观感受

第一是要尽可能贴近消费者的视角，去感受竞争店（本店）的重点顾客、商品、价格、促销、商品的陈列·销售·展示方法及待客服务等。为此，调查时需要本着打算购买几种商品的心态（当然不买也行）。无论多好的商品，如果很难寻找到，顾客就不会购买；无论价格多便宜，如果等候结账的时间过长，即便开始时想买，最终也会放弃。专业调查人员最大的缺陷就是不能用顾客的眼光看待这一切。

第二是了解竞争店（本店）的经营理念和商品策略。只有真正了解到对手的想法、计划和意图，才能在商品、销售、服务方面找到战胜对手的机会。一般来说，当消费者被问及对某商家的印象时，基本上都会回答说“感觉不错”“价格便宜”“商品丰富”等。但如果我们自己在安排具体行动计划时，直接接受了消费者的说法，过分强调“要争创感觉好的卖场”或“争当商品丰富的商家”的话，那我们就太幼稚了，不够格做职业零售商。其实，消费者只是讲出了自己的印象，但作为商家则需要将消费者对店铺产生如此印象的理由逐项加以验证。如果做不到这一点，就不可能提出具体的整改方案。

第三是找出畅销的真正理由。是因为价格便宜？商品种类齐全？有积分卡的诱惑？展台的展示精彩夺目？售货员态度热情和蔼？我们需要从不同的角度去观察。比如说，有可能不是因为价格的因素而是会员积分卡起到了促销作用；有可能不是因为商品种类齐全而是店内的广告宣传精彩吸引了顾客的眼球；有可能不是因为面对面的优质服务而是开架式自助销售形式给顾客轻松的环境让他们能放松购物。找出了真正理由，才有可能彻底颠覆自己以前确信无疑的所谓好想法。想法不对，措施必然不会奏效，正应了那句“差之毫厘谬以千里”的名言。

（2）推进步骤——模拟体验顾客购物

① 选定作为调查对象的重点商品

首先要选定调查哪种重点商品，当然挑选重点商品之外的普通商品也行。但由于调查项目太多，因此应尽量挑选出那些符合现阶段要求的商品，这样更容易对比。选错了重点商品，该看到、发现的问题也无法看到。因为重点商品是：①现在最畅销的及去年同期最畅销的商品；②电视和杂志等媒体宣传力度最大、最具人气的商品；③应季商品（新产品）以及从商品生命周期角度来看现在必须推销的商品（见表Ⅲ–3），即店方现在最想卖的商品，消费者现在最想买的商品。调查方法很简单，但坚持下去更重要。只要把调查的重点锁定在重点商品上，即便不去观察其他商品，也能掌握竞争店的真实意图和具体实力。

表III-3　什么是重点商品

① 现在最畅销的商品和去年同期最畅销的商品
② 电视杂志等媒体热炒、走俏的商品
③ 应季商品(新产品)及从商品生命周期上看现在必须大力推销的商品
例：10月第二周
重点题目："10月10日爱眼日"
重点商品：眼药水、隐形眼镜消毒剂、维他命B、迷你健康饮料

② 按照图表逐项开展调查

表Ⅲ -4 是尚未填写内容的样表。表中项目涉及很多方面，包括商品种类（商品构成）、陈列位置和陈列方式（卖场陈列布局）、价格重点（下限 / 中心 / 上限）、打折促销的内容（促销方式）和 POP・媒体工具・试吃活动等具体内容（商品展示）以及待客服务、销售服务等问题。如果业种和业态不同，调查的项目当然也不尽相同。例如，还可以增加填写品牌商品的构成以及售货员商品知识水平等内容。

其中，还包括前面谈到的价格重点调查以及下面即将阐述的陈列与饰面数的调查等相关项目。接下来，我还将再介绍几种调查方法，有些内容或许会与前面的有所重复。总之，理由很简单，就是想多花点时间从各个不同的角度去观察，最终掌握事实的真相。如果能横向、纵向和多方位地观察并掌握事实真相，那么 80% 的问题就能够在事先被解决。因此，只要按照图表中的各个项目持续观察下去，对比的工作将越做越容易。

表Ⅲ–4　MD差异化调查表样表

调查者：

调查对象重点商品(群)：　　　　调查日期：　　年　　月　　日( )

店名 内容	店	店	店
商品构成(什么商品？经营到何等程度？)			
打造卖场(在哪？怎样陈列？)			
价格重点(上限·下限·中心价格)			
促销方法(促销主题·折扣内容等)			
展销会(POP·工具·试吃等内容)			
服务(待客·其他)			
其他			

③ 基本原则是至少两人一组逛商店

边走边聊边购物，同时调查店内情况。至少两人以上参与调查的理由是，如果一个大男人长时间滞留在女装卖场或化妆品专柜前，容易引起怀疑。另外，两人以上一起调查时，气氛会轻松愉快。通过聊天，多少还能把自己的主观意识（单凭感觉和经验）改变成客观意识。但去小店时两人同行则太扎眼，最好分头调查然后再共同整理调查结果。

④ 在内部消化调查结果

表Ⅲ–5是整理MD差异化调查结果的具体实例。通过调查可进一步认识到竞争店比本店更受消费者青睐。虽然在本公司中本店业绩不错，但应该承认本店现在确实不如竞争店。于是大家聚在一起，针对应该改善什么，从哪里开始入手等问题侃侃而谈。最后决定首先把包括冰箱在内的白色商品向前移动到橱窗附近陈列，目的是尽量吸引更多过路行人的目光；其次是改善卖场布局，让顾客能从入口处一眼就看透整个卖场；三是决定把150升以下的冰箱作为应季商品适时扩大销售，同时加大400升以上（包含制冰机）冰箱的促销。

一般来说，推进步骤①~③步的调查容易做到，但关键的消化调查结果阶段则容易被忽视。因此，对第④步，更应该倾注时间和心血，才会真正有所斩获。

表Ⅲ–5　MD差异化调查表(家电专卖店实例)

重点商品(群)冰箱

店名 内容	本店		竞争店	
商品构成 (经营什么商品？经营到何等程度？)	150L以下 4台 200L–299L 2台 300L–349L 3台 350L–400L 5台 400L–449L 9台 450L以上 2台 制冰机 0台	全单品数 25台 400L以上商品构成比高44%	150L以下16台 200L–299 L6台 300L–349L 6台 350L–399L 3台 400L–449L 7台 450L以上 3台 制冰机 4台	全单品数 45台 300L以下 小型商品 的构成比高 48.9%
打造卖场(在哪？怎样陈列？)	卖场最深处。陈列不醒目。处理品反而被摆放在最前面陈列		虽放在卖场靠里面的角落，但从入口能一眼望到(前面的商品货架高度较低)	
价格重点 (上限・下限・中心价格)	400L以上 上限 22.8万日元 中心 19.8万日元 下限 9.98万日元		400L以上 上限 24.8万日元 中心 22.8万日元 下限 9.98万日元	
促销方法(促销主题・折扣内容等)	有旧货处理专柜 实施促销打折 节能的诉求(显示耗电量)		设定特别促销活动的特价商品。 宣传口号(耐用10年，放心抢购)	
展销会(POP・工具・试吃等内容)	价格POP 字体大，醒目。 功能POP。显示耗电量		功能POP、用图片显示尺寸大小。 价格POP，字体大而醒目 厂家赠送促销品多	
待客服务	处理・以旧换新费 1000日元 A区域送货费 1000日元		免费送货 当日送达	

总之，这种购物印象度调查，重要的是把看到的、感受的和发现的情况都如实地记录下来。也许有人怀疑这种做法，但

即便里面多少掺杂些主观意识，只要用相同标准观察过几个商家（本店和竞争店）后，基本上也没有大的出入。如果你把自己当成消费者，就会认同的。其实，用顾客的视角去观察也就是这样一回事。即便只是印象，“但与那家店相比，还是这家店……”，如果你能做出这样的对比，那就是一次非常成功的竞争店调查。

我在使用这种方法对某服装专卖店进行调查时深切感受到了这一调查方法的优势和好处。在开展对价格和陈列布局的调查前，优先进行了“店家印象度”的调查。由于很难用数据表现出促销活动和售货员服务的情况，因此通过印象度调查才真正找出了双方之间的差异。

（3）实例研究——面包店的参观·试吃对比

表III–6是某面包店的调查数据。随着饮食西化，现场烘烤的面包（现场和面即时烘烤方式）越来越受欢迎。尽管这种面包店数目不断增加，美食杂志也经常介绍各种美味的面包以及独特的制作秘方，但迄今为止在竞争店调查活动中很少人曾关注过对面包店的调查，几乎也没有过像样的调查。一般来说面包店的规模都不大，具体调查时在店内逗留的时间也不能过长，因此必须在短时间内完成调查任务。最好采取手提购物篮巡视店内，把商品买回来进行对比的方式，或者采取 MD 差异化调查的方式，把看到的和感受的直接整理出来。

表 III–6 是选定餐中面包为调查的重点商品，对三家店中哪家店更方便购物和餐中面包卖得最好，进行了调查。

从卖场面积看，A 店面积最大，其次依次是 C 店和 B 店。商品种类（单品数）最多的也是 A 店，共有 12 种。C 店的单品数为 7 种，虽没有 A 店多，但小面包采取论个散卖的方式，颇受顾客欢迎。价格带最宽的也是 A 店，从 120 日元到 400 日元的商品应有尽有，中心价格在 180 日元至 230 日元之间。B 店的中心价格尚未搞清楚。C 店的价格是从 45 日元（可以论个散卖）到 280 日元，中心价格是 150 日元左右。A 店的面包个性化十足，不时还推出新产品。B 店广告宣传力度较大，但商品既没个性，也不提供定制。C 店不仅为顾客提供面包的烘烤说明，还制订面包烘烤时间表，每次都把刚出炉的面包拿出来让顾客试吃。A 店不仅店铺规模大，还在店内设置了用餐专区，C 店虽规模较之 A 店小得多，但也设置了用餐专区。

从整体评价而言，无论从面包的口味、店内布置还是企划宣传方面来看，C 店都独占鳌头。当然，这也是见仁见智的，每个人的结论都不一样。我衷心期待喜好吃面包的人和专业面包师，有一天能为我们拿出更专业的结论。

表Ⅲ-6　MD差异化调查表具体记录实例

部门名称：面包房　　　　　　　　　　　调查者：　　　　铃木

重点商品名称：餐中面包　　　　　　　　调查日期：2005年5月14日（星期一）

内容 \ 店名	A店（大型商场内店面）	B店（路面店）	C店（超市直营店）
商品构成(什么商品？经营到何等程度？)	空间390cm 2层 货架上端12单品	空间150cm 平台 4单品	空间480cm 平台 7单品
打造卖场（在哪？怎样陈列？）	位于动线最前端，陈列醒目	分散陈列(2处)	位于动线最前端，陈列醒目 3种单品可零售。强调低价
价格重点（上限·下限·中心价格）	上限400日元 中心180～230日元 下限120日元	上限300日元 中心 情况不明 下限100日元	上限280日元 中心150日元 下限45日元
促销方法（促销题目·折扣内容等）	特色面包 热卖商品 新产品POP	健康食品展销会 周五大派送(全场享20%折扣)	显示出炉时间 可以论个散卖 新产品POP 1张
展销会(POP·工具·试吃等内容)	1张A4纸(商品说明、食用方法) 试吃地点1处	入口处广告牌“周五大派送”健康展销会 POP看板1块 B5纸1/2	用B4大小POP进行商品特征说明 试吃地点有4处 新产品PR(大声宣传)
待客服务	缺少主要服务项目	备有礼品盒 公告烘烤结束时间	缺少主要服务项目
其他	店内设有用餐区	无	设有小型用餐区(10个座位左右)。收银台有存包处。用橘色荧光展现美味。陈列柜里有反光镜面

3. 重点商品的促销调查

在前文中我阐述了重点商品的意义。简单地说就是商家当下最想卖的，也是顾客现在最想买的商品。重点商品销售的好坏会直接影响该店（企业）当年的整体销售业绩。因此，重点商品的销售对店家来说，是全年工作的重中之重，在战略上要加大推销力度，在战术上要陈列在店内最醒目的地方。更具体地说，通过已制订的商品计划和销售计划，进一步明确并细化各阶段重点商品销售的目标和任务，如保证重点商品种类齐全、陈列数量（包含分量和尺码等）充裕等。同时要为重点商品配齐关联商品，按事前规划的展柜、端架、平台、展台、专柜（包括专场展销会场地）等，大张旗鼓地开展吸引消费者眼球的促销活动。这种反复不间断的努力不仅能够保证商家完成全年销售计划，提高消费者群体对本店的信任度，最终还能拉开与竞争店之间的差异。

在对竞争店进行调查时，希望大家能加上我独创的这种对重点商品促销的调查方法，通过对比竞争店与本店的销售、陈列和展示方式，找出本店的优势和劣势及需要完善的地方。

（1）目的——掌握竞争店的销售策略

第一是要了解竞争店在近期（本周）全力促销的重点商品是什么。例如：本周的重点商品是蔬菜沙拉调料还是火锅调料？是运动背包还是休闲小背包？是礼品相册还是数码相机专用相册？通过上述调查就能掌握竞争店的近期或长远的销售策略（商品计划、销售计划和促销计划等）。比如说，如果竞争店早早就开始着手策划销售构成比较低的火锅调料，那么估计今年秋冬季他们就很可能会大力推出热菜食谱；如果已经开始力推数码相机用相册的话，则估计他们已经预测到今后数码相机领域的销售额会有较大幅度的增长。这些调查都有助于验证本店的现行政策是否行之有效。

第二是要了解竞争店对新商品和广告宣传商品的营销开展情况。店内是否正在销售电视热播或报刊杂志大肆宣传的商品，往往就是消费者判定商家好与坏，喜欢与不喜欢的重要依据。因此，一旦进货不及时或陈列布置有问题（放在难以寻找的角落），消费者给予商家的评价就是“不好的店”。商家的广告宣传商品也同样，如果难以找到，消费者就会说这是广告欺诈行为，把商家说成“骗子商店”。所以，消费者眼中好店的标准是重点商品陈列突出醒目，商品易于寻找。

第三是要了解竞争店采取了哪些促销方面的措施。如果比本店做得好，就应该虚心模仿和学习，立即采取相应对策，改善自己的工作。虽然应该坚决优先贯彻执行本店业已制定的经营政策，但如果竞争店有值得学习的东西，只要是对消费者有利，就应暂时抛弃虚荣心，大胆地拿来为己所用。从古至今，零售业的成长史就是一部向先进国家、先进企业模仿和学习的历史。

（2）推进步骤——目标是重点商品

① 观察重点商品（包括打折商品）的常规货架

常规货架是指按定价销售商品的货架，在一定的期限内（每个季度、每一年度），陈列配置基本不变，并会定期进货和补货的货架。食品常规货架有多层冷藏柜和多层水平层架；服装类常规货架有展示架、三尺·四尺挂架、玻璃橱；家居类的有多层水平层架、货柜等。图Ⅲ－7 是某时尚家居卖场的常规货架和非常规货架的位置示意图。顾客伸手可及的高度（距地面 180 厘米以下）为常规货架，超出部分为非常规货架。非常规货架的陈列商品是从固定商品中选出的有代表性的商品（偶尔也会选择重点商品）。有时非常规货架也作为卖场的位置标识牌使用。

图Ⅲ–7　常规货架与非常规货架的位置图

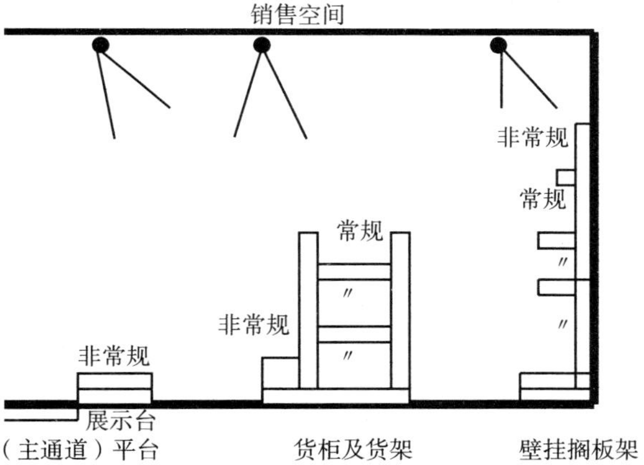

② 调查常规货架的销售、陈列和展示的方式

a. 调查主题

是主打与日常生活中节假日有关的活动，还是知名厂商新产品首发（TV 宣传商品）？是与厂家联合举办的活动还是以强调价格为主的打折促销有关的主题？围绕其活动主题进行调查。

b. 调查陈列情况

扩大饰面数了吗？（比如在第三层货架上又增设了 4 个饰面等）是不是移走了货架，换成了两层的陈列？如果竞争店想重点销售某件商品，就一定会保证陈列商品的饰面数和陈列量。

c. 调查其使用的媒体工具

是否使用了厂家提供的促销品（宣传海报、贴纸、展示台等）？是否使用了本店自制的 POP？如果正在使用，那么 POP 的尺寸大小和表达方式如何？综上，要调查竞争店配合商品促销活动所使用的媒体工具的具体使用状况。

d. 调查商品诉求要点

是对消费者进行的生活提案吗？是强调价格还是强调理念？是对相关陈列的提案吗（搭配方面的提案）？要调查商品具体的诉求内容。

③观察陈列在非常规货架上的重点商品

为什么要观察非常规货架上的重点商品呢？因为这里有个前提，即如果把最想卖的商品同时摆放在两三个不同地点进行两面陈列、三面陈列的话，出货量一定更大，商品卖得肯定更多。有些商品是机不可失的应季商品，趁机加把劲儿会事半功倍。而应季商品现在若不去全力推销，等到过了合适的时机和季节，反而会事倍功半，得不偿失。

非常规货架可根据销售主题，短期地（日、周、月）改变陈列配置，是陈列配置变化较多的货架。在价格上也灵活多变，不拘泥于定价，打折销售或降价销售情况比较多。在食品部门，端架、地台和平柜常被当作非常规货架使用；在服装部门，有促销花车、环形展示架和特设展台专区等；家居卖场的端架、地台和专柜基本上相当于非常规货架。其中，虽然也有把这些设施作为常规柜架使用的（冷冻食品等），但大多数部门在筹划打折促销和特别展销活动时，都将之视为可短期内进行变化而加以利用。如果竞争店没有这类用途的货架，则无须调查。因为也许被调查的那家店没有意识到重点商品的重要性，也或许是你错过了他们搞活动的日期。

④调查非常规货架商品的销售、陈列和展示的方式

在对非常规货架商品进行调查时，应对促销主题、饰面数、使用媒体、诉求重点等进行调查，即可仿照对常规柜架商品的调查方式进行调查。

表Ⅲ–7 重点商品促销调查样表

调查者：

调查对象重点商品(群)：　　　　　　调查日期：　年　月　日( )

项目 \ 店名		店	店	店
常规货架	促销主题			
	促销内容			
	使用媒体			
	诉求要点			
非常规货架	促销主题			
	促销内容			
	使用媒体			
	诉求要点			

表Ⅲ–7是重点商品促销调查表的样表。这种调查每次只需5至10分钟，不多占用时间，具体执行人每周都能轻松地实施。只要坚持下去就会令店铺和商品每天都充满生机和活力，即便不花钱更新设备，也能达到改善卖场环境的目的。我把它称为激活卖场的软实力。

本图表的特点是把表分成常规货架和非常规货架上下两部分。常规和非常规的调查项目完全相同。当常规中有非常规中没有的项目时，可以不用在非常规中填写。相反，非常规有而常规没有的项目也不用在常规内容中填写。应季商品中特有的商品（如杀虫剂、西瓜、围巾等）不在常规中展开，只在非常规中展开。此外，在横行中预设了可以同时填写三家店铺信息的空白区域。当然只填写两家也无妨。如果店铺数再多的话，请自行接续使用。通过这种方式对数家店铺进行调查，就可以在短时间里掌握不同竞争店之间的差异。

（3）事例研究——调查应季的重点商品

必须时刻谨记：要通过重点商品与竞争店拉开差距。最低限度也要做到以下几点：①在开展调查前的4个星期，确定重点商品和重点主题；②在2周前确定销售、陈列和展示的方式；③在开展调查那周（当天）去竞争店实施对重点商品促销的调查。如果在调查中发现本店确实有不如竞争店之处，就应该迅速调整工作部署。如果这样的调查在一年52个星期里都能持续实施，我相信贵店一定能成长为魅力十足且最具竞争力的店铺。

表Ⅲ–8收集了十月份的第4星期，本店与竞争店的重点商品——羽绒被的销售情况。相对于本店在展台上大量展销本公司自主研发的低价位羽绒被，竞争店则大张旗鼓地推出了现在市场正走俏的名牌商品。消费者评价竞争店的商品价格高，但质量好。价格上本店商品虽占压倒性的优势，但并没有想象中卖得那么好。平日里本店与竞争店客流量基本相当，但那个周末竞争店的访客人数竟然比本店高出 1.5 倍。经过调查才找出了其中的原因。相比而言，下限价格本店确实比较低，但在售价 1 万日元以下的羽绒被品类上，竞争店的陈列量比较大，并且全都推到了卖场的最前端展示，饰面管理做得相当到位，给人一种既物美又价廉的印象。反观本店，卖场管理不到位，说句不好听的，本店给消费者的是廉价大甩卖的印象。常规货架上处理品与正价销售商品混杂在一起，对这种自助式销售的大件商品，竟然没有配齐购买指南和产品说明等宣传 POP，这样做根本无法胜过竞争店。无论商品多便宜，如果卖场管理不善，价廉有时就会变成廉价，商品反而丢失了自身的价值。

表Ⅲ–8　重点商品促销调查表

调查者：矶贝

重点商品名称：羽绒被　　　　调查日期：2004年10月24日(周日)

项目 \ 店名		竞争店	本店
常规货架	促销主题	“秋季××公司寝具展销”	“秋季寝具展销会”
	促销内容	常规商品都按品类在统一位置张贴带照片的POP。调整多种色调吸引顾客驻足(绿色、红色等)	常规货架中混有处理品。用降价标签表示。同色系商品多(仅有白色和米色二种)
	使用媒体	带照片的常规POP(常规促销品比本店少)	特别推荐商品POP(B6纸)。用降价标签。常规商品POP(无照片)。写有“请触摸！”的POP(一部分)
	诉求要点	非价格诉求(价格诉求)。 礼品诉求 婚礼套餐：15.8万日元等高档商品种类齐全	价格诉求。降价处理商品(在降价标签上再贴上降价标签，折上折)
非常规货架	促销主题	广告商品 “秋季××公司寝具展销”	“自有品牌商品羽绒被” 1.58万日元
	促销内容	沿主通道摆放不同款式的样品，全部打开供消费者触摸。使用厂家提供的促销品	在进口处放置显示屏，播放录像，大量展示同款商品
	使用媒体	A2纸大小POP(内容是××公司寝具展销) 广告商品的POP	使用电视和录像机14套 设置介绍自有品牌商品说明的显示屏。A4纸大小的POP
	诉求要点	人气厂家商品大降价。主打5款广告商品大降价的要点。下限价格8800日元是宣传卖点	单品的大量陈列、大量销售

表Ⅲ–9是对家常副食品日式天妇罗的调查案例。A店以“春季时令家常菜品特集”为专题，陈列展示了楤木芽天妇罗。但

在天妇罗专柜里只有这一款使用春季时令食材烹制的天妇罗，而在日餐食品专柜里摆放了凉拌油菜花，在盒饭专柜里摆放了竹笋盒饭等使用春季食材烹饪的食品，意图在整个食品卖场向消费者推荐春季时令食材。在卖场中央的展台上还集中了所有与春季有关的商品，采取整体推销方式，并且还打出了试销价的低价，试图以提供物美价廉的商品打动消费者。

而B店在天妇罗专柜里陈列了6种用春季食材烹饪的天妇罗食品。其他柜台里虽然也有一些陈列，但看得出来本周他们的主要精力都放在天妇罗上，尽量减少了其他的油炸类食品。整体上多增加了12种天妇罗食品。

如果单从宣传春季食材的角度来看，A店做的最好，但如果只看天妇罗这一种商品的话，B店的商品种类多，试吃等活动内容丰富多彩，给人一种热销的感觉。综上，通过对重点商品的集中对比观察，我们会获得许多启迪，有助于改善今后的工作和制定具体的商品对策。

表Ⅲ-9　重点商品促销调查表实例

调查者：掘内

重点商品名称：天妇罗　　调查日期：2005年3月16日(周三)

项目	店名	A店	B店	店
常规货架	促销主题	①“春季时令家常菜品特集”	①“春季时令天妇罗专集”	
	促销内容	①各专柜分别展示楤木芽天妇罗、醋味酱拌香葱、凉拌油菜花等	①芹菜天妇罗、土当归天妇罗、楤木芽天妇罗、黄瓜香天妇罗等6种单品	
	使用媒体	①迎春全店统一的POP ②设置仿真“油菜花”仿真吸引眼球	①“楤木芽”特殊功能简介POP ②“春季时令家常菜专集” POP	
	诉求要点	①价格诉求(试销价)	①用时令食材主打季节感的诉求 ②全部可以试吃(一部分有人安排)	
非常规货架	促销主题	①“春季时令家常菜”		
	促销内容	①与常规货架相同的商品在6尺长的平台集中展销(包括竹笋米饭)		
	使用媒体	①迎春全店统一的POP ②仿真“油菜花”吸引眼球		
	诉求要点	①集中销售的价格诉求(试销价) ②香葱试吃		

4. 调查陈列布局

陈列布局是指包括通道在内的卖场配置状况，布局的好坏直接影响到顾客数量和购买数量。消费者眼中好的陈列布局是不需要咨询店员就能轻松找到心仪的商品，而店方心目中最好的陈列布局则是顾客能发现和浏览所有类别的卖场和商品，能亲手触摸到商品。好的布局不仅需要完善主通道宽度等硬件设施，引导客流顺利地流向每一处卖场，更需要在软件上让顾客轻松准确感知商品形象，能在心中准确把握住卖场分类、商品分类以及其他相关分类。

陈列布局调查又称卖场面积调查，它的目的并不完全是为计算卖场面积大小以及不同商品部门卖场面积的构成比，而是为给消费者提供一个能持续轻松购物的环境，令商家能不断增加营业额，减少商机损失和降价损失。

（1）目的——从数量上了解卖场及商品的优势与劣势

第一个目的是通过对竞争店陈列布局现状的调查，掌握在某一阶段里该店各部门主推的商品以及哪些部门位置相邻等商品策略。例如，如果该店把男士领带陈列到男装部，则意味着以性别分类为标准的商品政策；而如果该店又把领带与钱包、雨伞等服装配饰统一陈列在一处，则是把它作为服装种类进行了分类。这一商品政策蕴含着两种可能，一是该店不太重视领带的销售，而另一个却恰好相反，有可能是该店重视包装礼品类销售体系的陈列布局。

第二个目的是通过与本店对比，从数量上观察不同卖场和不同商品的优势与劣势。某家居时尚广场的 A 店陈列了 4 尺（约 1.3 米宽）棉被 10 床，被套 12 种，另一家 B 店陈列了 4 尺棉被 5 床，被套 10 种。数量上 A 店占优。也可以说，A 店的柜台数和销售面积多。但如果用构成比查看具体内容，可以说 A 店的重点是放在厚棉被上，而 B 店更看重购买频率较高的薄被面上。

第三个目的是可以在开设新店或旧店翻修改造时，为决定不同商品的卖场面积而提供重要数据。例如，新店应设多少个柜台，安排多大平方米的销售面积等，都可参照竞争店以往的实际业绩来确定。另外，为实现本店经营理念，必须配备足够丰富的商品种类供顾客选购，此时如何设计出足够的销售面积和柜台数量，则竞争店面积的具体数据就完全可以拿来参考。一般来说，顾客都会分别光顾本店与竞争店购物，因此更有必要调查竞争店的陈列布局。

（2）推进步骤——调查卖场配置，制出图表计算数据

① 寻找店内楼层平面图

一般来说，商店的楼层平面图都设在大门的入口处和各楼层扶梯旁或楼梯的平台处。如果在这些地方仍没能找到楼层平面图，就直接去查看消防紧急出口示意图，上面会明确标出墙壁的位置、柱子的数量（或许也有卖场的区划）。另外，总服务台和问讯处摆放的宣传手册也可以拿来参考。

② 调查卖场、柜台和通道的位置

调查通道到墙壁、通道到立柱之间的距离，各立柱之间的距离，卖场与卖场分界线距立柱的距离等。只要掌握以下尺寸测量原理，调查就不难进行。

一般来说，柜台宽度多为 90 或 120 厘米，深度是 45 或 60 厘米（书店深度为 30 厘米，床上用品柜台深度为 90 厘米）。标

准冰柜宽 120 厘米。衣架有三种不同尺寸，分别是 60、90、120 厘米。我的拇指到中指打开的间距约 20 厘米，鞋的尺寸是 26 厘米。另外，普通地砖尺寸是边长 30、45、60 厘米，吊顶的天花板每块为 90×90 厘米。一般柱间距为 8 米或 10 米。掌握了这些基本常识，对调查会有所帮助。（见表Ⅲ –10）

表Ⅲ –10　尺寸测量原则

①测量自己张开的拇指和中指之间的间距是多少 cm？ ②测量自己鞋子的尺码是多少 cm？ ③测量自己的步幅是多少 cm？ ④地砖的边长一般为 30cm、45cm、60cm。 食品卖场的地砖边长为 30cm、45cm。非食品卖场地砖边长为 30cm、45cm、60cm。 ⑤柱间距(从柱子中心到柱子中心)8m。 若 4 根柱子构成四边形(1 跨距)则面积是 8m × 8m = 64 ㎡。 ⑥货架的尺寸：食品货架宽(正面长度)90cm、服装家居货架 120cm。纵深 45cm 或 60cm。 ※④～⑥会有例外。①～③请亲身测量。

③ 填表（登记商品和卖场的名称）

为了在填写和收集信息上少花费时间，有必要事前准备好自制的空表格（见表Ⅲ –11）。使用白纸或横格纸填写较费时费力，最好能用方格纸或事前准备的自制表格填写。方格尺寸的大小可根据实际情况调整。在调查小店时，每一方格代表一块边长 30 厘米（45、60 厘米）大小的 P 砖（塑料地砖）。在调查大店时，可根据展台、货柜等常规货架尺寸的大小，把每格大小

表Ⅲ-11　陈列配置图的填写方法和计算示例

调查者：高桥

调查店铺名称：A店　　　调查日期：2004年4月30日（周六）

调查卖场：副食品部　　　调查商品：所有副食品

卖场面积：34 ㎡·坪　　　楼层：1

该卖场陈列布局　　　1方格＝30cm　　比例尺：1/

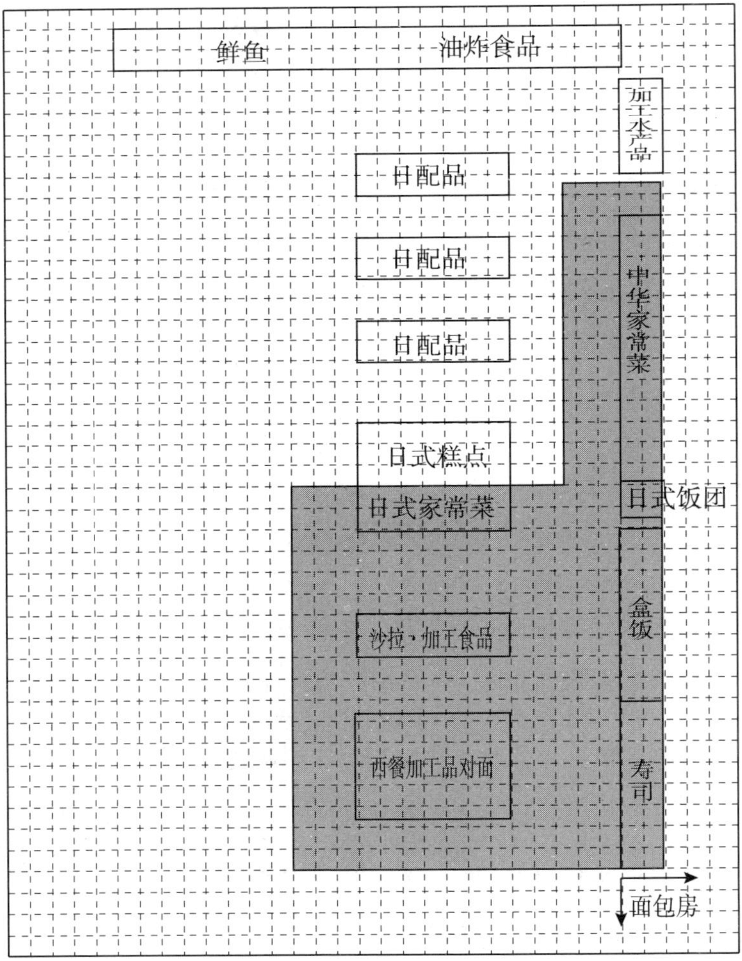

改为 90 厘米或 120 厘米。甚至在调查超级大型商场时，每个方格大小可升级到 1 坪，即 3.3 平方米（1.8×1.8 米）。表Ⅲ –11 是调查副食品卖场陈列布局后，将布局平面图记入表中，仅计算副食品卖场的卖场面积的计算示例。因为在店内无法拿笔做记录，地砖和展柜的大小、通道的尺寸等都是默记在心里后记录下来的。

④ 计算货柜数量、卖场面积及构成比

表Ⅲ –12 是本店与竞争店（比本店规模大）的卖场面积构成比的对比资料。是在调查每个楼层的卖场面积和统计不同商品部门的数据后计算出的构成比。对规模大小不一的商店进行调查时，所需时间肯定长短不同，但调查步骤基本相同。当然，计算柜台数、货架数、陈列线（各货架长度的总和）和接客线（面向通道的货架长度）也能达到上述目的，但这样的调查既费时又费力。总之，要用相同的标准进行对比，所以在对竞争店进行调查时，最好也能顺手连同卖场面积和构成比一起做好调查。另外，我还将在下一节详细介绍陈列与饰面数，因此在上述调查中最好也能一并完成对陈列与饰面数的调查。这些会使您的调查锦上添花、完美无缺。

表Ⅲ-12　陈列布局调查整理表实例(对比大型店)

店名 部门	竞争店		本店	
	卖场面积(坪)	构成比(%)	卖场面积(坪)	构成比(%)
女装	1300	32.5	550	20.0
男装	500	12.5	320	11.6
服饰	600	15.0	270	9.8
童装	300	7.5	220	8.0
实用服装	70	1.8	190	6.9
和服	30	0.7	—	—
服装合计	2,800	70.0	1,550	56.4
日用品	—	—	60	2.2
家庭用品	50	1.2	150	5.5
寝具	70	1.8	—	—
灯饰	80	2.0	110	4.0
家电	70	1.8	—	—
家具	230	5.7	—	—
家居相关合计	500	12.5	450	16.4
文具	20	0.5	90	3.2
玩具	20	0.5	80	2.9
体育	130	3.3	80	2.9
AV(包括CD)	200	5.0	—	—
珠宝	120	3.0	—	—
钟表	50	1.2	—	—
眼镜	60	1.5	—	—
文化休闲合计	600	15.0	250	9.0
特卖场合计	100	2.5	—	—
食品合计	—	—	500	18.2
店铺总计	4,000	100.0	2,750	100.0

(注)仅限商品销售。服饰类包括男士、女士的饰品、袜子、皮包、化妆品。实用服装包括男士、女士、儿童的内衣、袜子等。

⑤对比竞争店，发现优势、找出劣势

我多次强调过，重要的是消化调查结果。知道了哪种商品被陈列在什么位置，就能掌握该店对这种商品的重视程度。例如，观察该店卖场最前端和最低楼层卖场陈列的商品就能掌握该店重点部门和主打商品等重要信息。一般来说，小型商店为了抗衡大型商场，往往会采取在某一时间段里重点加强某一商品部门力量的特殊手段。如把重要部门的卖场面积尽可能扩大到接近大商场相同部门的规模，这是利用卖场面积构成比超越对手的特殊手段。对此大商场当然不可掉以轻心，也要时刻紧盯小商店的重点商品部门，不断筹划出能进一步拉大与小商店差距的新方案。总之，要仔细分析和消化调查结果，并迅速运用到实际工作中，这才是商战取胜的万全之策。

（3）实例研究——验证美国的“零售业定论”

掌握这种调查手法后，无论去哪里，即便是语言不通和生活习惯不同的国外，照样方便可行。

图Ⅲ-8、Ⅲ-9是我去美国考察时，简单做的陈列布局调查。一般来说短期出国考察时间紧迫，因此容易犯走马观花的通病，甚至回国后有时连去过哪家商店都记不起来。这种调查往往只

流于事物的表面，基本上就是把全世界通用的数字（价格和卖场面积）简单地罗列起来，然后得出的结论就是："美国（也包括中国）的价格便宜，日本的价格贵。""日本的货场规模太小。"但实际情况是各国的收入水平不同（日本人均收入高），商店的选址不同（日本商店更近，方便购物），土地面积不同（日本国土面积仅为美国的二十五分之一），购物方式也不同（日本人购物频率高，但每次的购物量低）。总之，短期考察不可能拿出完整的结论。

其实，当时在日本国内有一种说法是"日本的连锁加盟店关系松散，行政不统一，管理不规范。相反美国的连锁加盟店行政高度统一，管理全部标准化"。简单说来就是美国厉害，日本不行。出于好奇，我决定利用视察的空隙核实这种信口开河的说法（调查目的）。由于时间有限，我只简单调查了美国商场卖场的端架和收银台小货架两个位置（标准配置）。

的确在收银台小货架方面，Ar 公司的 A 店、B 店、C 店设置的 7 个货架上陈列的商品完全相同（见图Ⅲ –8）。C 店多设了 8 号货架，上面陈列的是录像带。各店都完全按总部规定进行了陈列配置，命令执行得干净彻底。

在卖场（见图Ⅲ –9），三家门店的 2 号端架上陈列的商品（推荐菜品）完全相同，只有 C 店在 1 号端架上陈列了卫生纸和洗衣液，与A、B店略有不同。我猜想可能是为了能在价格上抗衡附近的杂货店而特意摆放的。另外即便都是可乐与炸薯片的组合搭配，但仔细一看生产厂商却不一样。这只是我的猜测，不敢肯定，虽然这几家店同属加利福尼亚州，但该州面积大，也许南北地区差异导致各店采用了不同厂家生产的可乐吧？

还有一种论调是“美国商店的端架上单品陈列数量大，给人一种相当廉价的印象”。对于这种常常被提及的“模糊定论”，我也顺带着进行了考证。证实了在Ar公司的端架上，摆放最多的是饮料与点心、食材与调味料的商品组合，完全不是定论中所说的只是一种商品大量陈列。不过在确定陈列配置顺序和商品陈列方法上，作为企业来讲确实应该实施标准化管理。我对美国企业的这一做法感到敬佩。

	No. 1	No.2	No. 3	No.4	No.5	No.6	No.7	No.8
A店	书	口香糖	口香糖	可口可乐	口香糖	鲜花	百事可乐	
B店	书	口香糖	口香糖	可口可乐	口香糖	鲜花	百事可乐	
C店	书	口香糖	口香糖	可口可乐	口香糖	鲜花	百事可乐	录像带

图Ⅲ-8　Ar公司收银台小货架的商品构成与陈列位置图

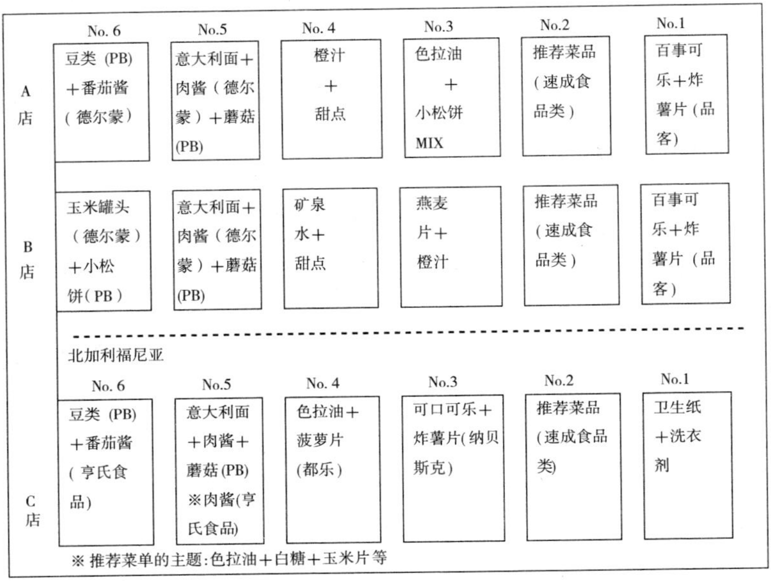

图Ⅲ-9　Ar公司端架的商品构成与陈列位置图

5. 货架配置・饰面数的调查

一般来说，卖场大致分为常规卖场和以端架、平台（平柜）组成的非常规的企划型卖场。前者是通过正常陈列把商家的政策和主张传达给消费者的地方，是店家的主要门面；后者则是为了进行广告宣传、举办应季展销活动、介绍新产品等临时组建的卖场区。前者是全年基本不发生变动的静态卖场，后者是随时随地都会发生剧烈变化的动态卖场。对商家来说二者都不可或缺，否则就无法真正成为能够吸引消费者远道而来、魅力十足的高效揽客的商店。

陈列表达的是商家（企业）想要向消费者传达的自己的意图和想法，所以想了解竞争店的意图就必须定期调查它的货架配置和饰面数。这种调查必须真实记录货架配置和饰面数，在所有不同形式的调查中数它最复杂烦琐和耗费时间，有时还会受到被调查方的警告。但只要能按照我在前面介绍过的调查方式，认真遵守规矩调查的话，其实也无须为此而担忧。经销商每年最少要两次以上（春秋各一次）定时定点观察特定的目标店，作为门店方更要定期定点（每天 15 分钟）调查竞争店的主要部门、主力商品和重点商品。

（1）目的——了解商品策略和区域特征

第一个目的是了解竞争店的商品策略。通过调查竞争店在卖场力推的商品种类（新产品、常规商品等）、商品品牌（知名厂家、产地等）、商品价格带（下限价格、中心价格、上限价格）和商品尺码（S、M、L）等信息，就能够掌握该商家真实的经营思路。如果此时你就认定竞争店的廉价商品多、自己稳输无疑的话，我肯定你连卖场的半数都没看全。

第二个目的是了解竞争店为进一步提高营业额和销售利润所做出的努力。竞争店不仅是竞争对手，更是我们模仿和学习的榜样，因此对竞争店的长处我们应该加以研究和利用。例如，在竞争店的食品加工区咖喱专柜，手工制作的咖喱食品不仅陈列位置醒目，而且还占据了两个饰面。而本店相同食品不仅被摆放在伸手都够不到的第三层货架上，而且只有一个饰面，很容易造成商机损失。调查中还发现，在竞争店日配部的关东煮专柜，白果、魔芋、卤蛋和海带等其他卖场的相关商品也被统一陈列在一起，令我们茅塞顿开，免费学到了关联陈列的宝贵经验。

第三个目的是发掘有地域特性的商品。一般来说，基本货架配置由经销商制定。连锁企业中各加盟店卖场面积大小不同，有的大店营业面积甚至超过小店的一倍。各店都会根据自身情况，引进当地具地方特色的商品及人气旺的商品销售。引进什么样的商品其实根本不需要咨询经销商，只要去观察竞争店的货架配置就能找到自己需要的商品。表Ⅲ –13 是通过对竞争店的货架与饰面数的调查，掌握了区域消费需求特性的具体实例。大尺寸的窗帘、大容量的洗衣剂、90 升的腌菜桶等都是当地居民生活必不可少的日常用品。通过调查我们知晓，其实我们的零售业（特别是家居广场）本来就应该深深扎根于当地，落户在百姓的生活之中。

表Ⅲ-13 通过货架·饰面数调查掌握当地特需商品的消费需求

部门	商品名	规格	售价(日元)	厂家名	A店	B店	C店	D店	◎需要★重点研究
日用百货	窗帘1P	150×178	2900	a	○	○			◎
	窗帘	150×225	3900	a	○	○			◎
	窗帘	200×178	3900	a	○	○			◎
	窗帘	200×225	4900	a	○	○			◎
	洗衣粉(液)	4.1 kg	1080	b		○			★
	洗衣粉(液)	4.1 kg	980	b				○	★
	白卫生纸	1000张	358	自主品牌	○	○	○		◎
	腌菜石	5 kg	950	c	○	○		○	◎
	腌菜桶(圆)	90L	2940	d	○	○			◎
	腌菜桶(圆)	45L	2450	d	○	○			◎
	腌菜桶(方)	40L	1880	d	○	○			◎
	圆铁壶	45L	3610	e	○	○			◎
	圆铁壶	40L	2380	e	○	○			◎

（2）推进步骤——费时费力也要坚持

①记录商品摆放情况

调查要确定对象商品、商品区域和商品部门，然后先填入货架配置与饰面数。说起来容易做起来却很麻烦（倒是不难），基本规则是以普通消费者的视角（礼节）进入竞争店开展调查。店内严禁笔录，不得妨碍顾客购物，不准携带相机拍照。如果想笔录的话，最好先记在心里，等跨出店门后再拿出纸笔记录。这点很重要，请务必遵守。其实，店员早已从着装、行走方式和眼神看穿你不是普通的顾客。刚刚参与调查时可能遇到的困难多点，花费的时间长些，但只要坚持下去就会逐渐熟悉各种竞争店和不同企业对商品与价格的基本考量及理念，慢慢地调查就会变得越来越简单轻松。当然，是否真的能成功还要靠你的努力和坚韧不拔的毅力。

②填表

表Ⅲ-14是我自创的表格。只要准备一张易于填写货架配置的横格纸就万事大吉。横格上记录必要的商品（群），如加工食品类的调味品、日用杂货类的浴液、装饰品、文具等。可根据自身需要，按顺序在8个横格里逐行填写商品名称，这张表格能应对任何商品。如果只是4层的货架，适当减少横格即可。如果再能把货架的高度、宽度和深度以及展台和平台（平柜）的横竖尺寸也记录下来，将有助于以后统计接客线、陈列线的长度。另外，再记录下商品名称、饰面数、价格牌和POP后，价格调查也会变得更加简便。以此表为基础收集数据，然后转记到一览表上，最后制成PF坐标图即可。货架配置与饰面数调查需要花费一定时间，最好能与参与价格调查的人一起配合实施调查。

表Ⅲ–14　货架配置·饰面数调查样表

调查者：

调查店名称：

调查日期：　年　月　日（ ）

卖场及商品名称：

货架号：No.

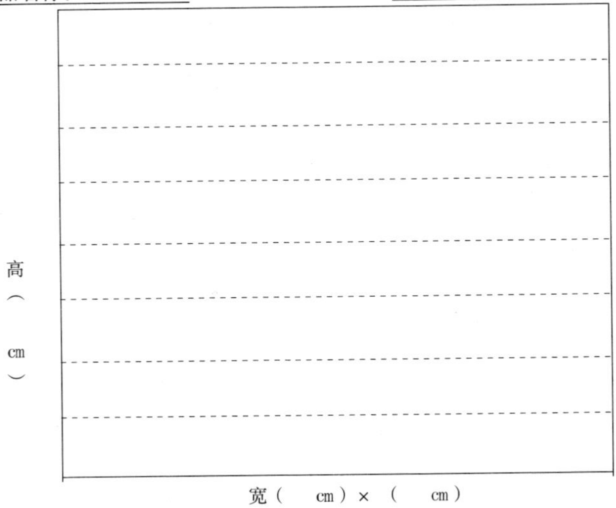

③在内部慢慢消化调查结果

调查结束后，一定要把调查结果分享给每一位同事。在召开内部研讨会时，使用投影仪（OHP）投放在墙壁上供与会者观看，或复印后发给每人人手一份，包括不参加调查的人。请所有与会者对发现的问题提出不同的见解。事前最好按不同商品种类分别预设讨论题，如按不同厂家、不同品牌、不同尺码、不同价格带等分类，这样发言能更积极，讨论会的气氛也会更热烈。

表Ⅲ-15　货架配置·饰面数调查记录表实例

卖场名称：AV家电卖场
商品名称：摄像机

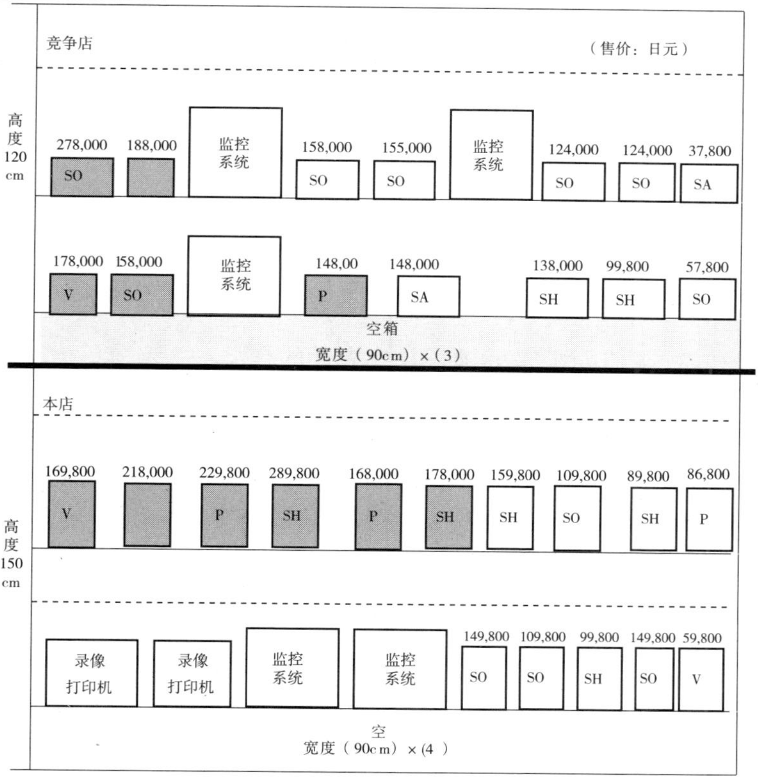

（注）▒ 是液晶型。商品内的英文字母是厂家名称的缩写。

表Ⅲ-15是具体调查记录实例，记录了很早以前我调查过的某家电商场摄像机陈列的实际情况。当时本店摄像机摆放的位置高 150 厘米，不仅视觉上不易被看到（竞争店为 120 厘米），而且卖场利用率也不高，更没有按商品型号和价格进行详细区分，对顾客来讲不太方便购买。相比之下，竞争店的陈列重点清晰明确，以数码系列产品为主，价格由低至高排列整齐。尽管陈列线较低，但卖场被充分地利用起来（空包装箱也按机种整齐地码放在货架的底层）。

（3）实例研究——韩国泡菜的深奥世界

本次调查对象是韩国最具代表性的食品——泡菜。泡菜不仅可以单独食用，还可以用于煮菜或作为火锅辅料使用，是一种用途广泛、人气旺、受欢迎的食品。但直到调查前，我从没想到过泡菜的种类竟如此之多。

对比 A 店与 B 店的食品日配卖场，差异之大令我诧异（见表Ⅲ –16）。B 店经营的泡菜品种有 22 种（单品），而 A 店只经营了 8 种，约是 B 店的三分之一。B 店专门为泡菜的销售印制了介绍泡菜功能的宣传单，推荐了几种泡菜火锅的制作方法，还适时推出了促销广告：“在蔬菜价格暴涨的今天，现在正是您选购泡菜的绝佳时机！”此外，B 店还专设了 3 个试吃点。与其相比，A 店只制作了简单的商品说明。

表Ⅲ–16　泡菜的货架配置与饰面数调查实例

单位：日元

（A公司）　F:饰面

韩式泡萝卜 200g 3F 298		老泡菜 5根 278×3F		第4层
宫廷泡菜 250g 398×3F		首尔泡菜 140g 248×2F		第3层
小萝卜泡菜 75g 2F×148	萝卜干泡菜 2F×198	极品泡菜 398×2F		第2层
正宗韩国泡菜400g 8F×398				第1层

（B公司）

鱿鱼泡菜 140g 5F×198	鳕鱼泡菜 4F×498	韭菜大蒜泡菜 2F×398	牡蛎白菜泡菜 2F×398	韩式泡萝卜白菜泡菜 2F×298	火锅料泡菜 2F×198		第4层
大蒜泡菜 230g 3F×298	韩式泡萝卜 230g 3F×278	手工泡菜 350g 1F×398	小萝卜泡菜75g 1F×148	韩式泡萝卜 170g 1F×398	圆切萝卜干泡菜 2F×198		第3层
老泡菜 140g 2F×398	白菜泡菜 230g 3F×398	自主品牌泡菜 220g 2F×298	吃上瘾泡菜 230g 1F×298	韩式泡菜 360g 2F×298	特选白菜泡菜220g 3F×298	碗装泡菜220g 3F×198	第2层
白菜泡菜 800g 3F×980	正宗韩国泡菜 400g 10F×398			白菜泡菜 700g 11F×398g			第1层

现在，韩国泡菜经常上电视、登杂志，成为路人皆知的“大明星”，喜欢泡菜的顾客也在不断增加。在销售上，有像A店一样只主打畅销商品的销售方法，也有像B店那种追求种类齐全，品种丰富程度不亚于专卖店的促销做法。激烈的竞争必然会引

发营销方式的差异化。

通过调查我感受到了发现自己未知世界的乐趣。虽然调查时也伴随着各种痛苦与磨难，但每当我结束调查开始细细品味胜利成果时，才真正感觉到内心无比放松，那种奇妙感觉令人不可思议。每一次调查都令我获得了进一步的成长。

第4章

评估与行动计划

1．从评估到分析

（1）综合评估法

上文介绍了几种针对竞争店调查的方法和实际案例。特别是①价格调查；② MD 差异化调查；③重点商品促销调查；④陈列布局调查；⑤货架配置·饰面数调查，都是我自己在定时定点观察竞争店时惯用的五种基本调查方法。它们共同强调的都是“如何消化调查结果”。无论是哪项调查都会有所感悟或新的斩获，而当事者都渴望立即采取行动，把发现的问题逐一消灭在萌芽阶段，但在有限的时间里，根本无法全部做到。

为了不浪费调查结果，首先要制定处理这些问题的先后顺序。而将五种基本调查方法归纳总结并进行综合评估后，更容易找出具体的对策。一般来说，顾客是用“综合印象力”评估商家的，因此我们的综合评估也必须以顾客的视角对商家进行品评。当把五种调查整理后同时进行对比，就会看出哪些工作更应该优先实施。只要实事求是，整理工作并不难做。

①记录综合评估表

为了掌握竞争店（本店）的综合实力，需要充分利用综合评估表消化调查结果。首先应把各项调查结果记录在同一张表格上，然后与同事们逐项开展讨论并做出评估。

在此我郑重声明，在竞争愈加激烈的今天，如果有人在调查过竞争店后反而找出更多自身做不到的理由或多出许多负面论调，妨碍我们做出正确判断的话，那么最好不要参与调查工作，店里最好不要有这种没有模仿和学习精神的人存在。

通过认真整理竞争店各卖场的真实情况，从中找出本店面临的课题，这一步骤非常重要。这张综合评估表完全可以起到上述作用。

填表时没有必要把调查的内容全部记录其上，更没有必要写得过长。只要将你认为重要的事项，概括重点逐条记录即可。总之，综合评估是对所有调查结果的最终总结归纳，这张表格也就等于是解决问题的最终方案。

在“竞争店评估”一栏里，只记录一家店铺也没有关系，但如果能有两家以上店铺的信息，就更容易发现问题的差异点，有利于今后制定对策和方案。

②整理对竞争店的评估和对本店的评估

对本店的评估，实际上要求的是按各调查项目整理对比竞争店后，找出本店的优势与劣势。记录时不要谦虚，要有自信。毕竟迄今为止我们已经实施过五种基本调查，已经从横向纵向等多角度观察过竞争店，掌握了大量事实和根据（一定要这样想）。

③整理课题

实际上，这项工作最重要。一般在调查结束后，无论谁都会彻底放松下来，等到统计结果出炉时几乎耗尽了浑身气力。因此，整理课题时最好不要一个人独自思考，老话讲众人拾柴火焰高，多邀请一些同事参与，这样才能整理出更具体、更有实际意义（能够做到、能够实际操作）的课题。前提条件是要如实地掌握本店的优势与劣势。一般来说，对自家店铺进行评估时，有些人过于护短，而有些人又会过度严苛。而我们的出发点是希望本店变得更好，因此我们必须尊重真实数据，实事求是地提出本店的优势与劣势。

④ 实例研究

表Ⅳ -1 是对寿司部进行综合评估的整理表。调查是在 11 月中旬实施的，正值卖场举办“七五三”活动之际。在重点商品促销方面，竞争店提出了“今日特别推荐商品是这款！”的口号，明确地推出了最想卖的商品。本店虽然也做了店内广告，但推荐的方式和力度远远不够，没有明确地突出本店想卖的商品。在 MD 差异化的调查上，对试吃结果的评价是，虽然两家卖场寿司的价格基本相同，但竞争店的稻荷寿司更好吃，相比之下本店的稻荷寿司不仅个头小了一圈而且米饭还有点硬。

在价格调查上我们发现，虽然中心价格、上限价格相同，但竞争店的特点更突出，它们中心价格商品的饰面数和陈列量更大。相反本店的陈列配置却平淡无奇，每种商品都以相同的饰面数平均排放，我把这种陈列称为钢琴键型配置。

在陈列布局调查上我们发现，两家店的副食品（包含寿司在内）卖场所处位置不同，竞争店的副食品与寿司卖场位置较远，不方便顾客购买。在货架配置与饰面数上我们发现，本店的货架纵向排列不好，不方便顾客购买。

通过评估，可总结出本店的优势是：

①汤料和酱汤等相关商品陈列整洁有序；

②添加物标签标识清晰；

③稻荷寿司中还售卖什锦寿司。

表Ⅳ-1 综合评估整理表示例(寿司部)

部门：寿司　　2004年11月12日(周五)　　制作者：铃木

项目＼店名	本店和竞争店的实际情况		本店评估		
	本店	竞争店	本店的优势	本店的劣势	课题
重点商品促销调查	全卖场张贴宣传“七五三”主题的POP。悬挂“茁壮成长七五三！”的标语。宣传无芥末寿司套餐(套餐名称红叶)	悬挂“今日特别推荐商品是这款！”的标语。4单品与POP有连动。宣传板上标有“新鲜寿司，请在4小时以内食用”	关联了商品(酱汤、菜汤、粥、咖喱料、即食盖饭)。	未采取价格应对措施(因为是七五三活动期间，希望能有令顾客心动的商品价格。)	鲜度管理(限时销光)，应该加大宣传原材料和添加物等的优势
MD差异化调查	稻荷寿司(小一圈，米饭硬，稍咸)。寿司卷5款(但全部有20款，品种最多)。使用本县产新米	寿司卷自助(盒装)稻荷寿司(汤汁味，芝麻米饭)。寿司卷13款(总共19款)，使用新潟县的越光大米	明示添加物。有什锦稻荷寿司(稻荷寿司2款)	宴会用拼盘少。缺少选购寿司卷的乐趣	多增加款式。加大宣传力度，让顾客也知道我们的加工食品不仅可作为宴会用餐食品，还可以提前预约
价格重点调查	上限价格980日元，平均铺开陈列。中心价格680日元。下限价格250日元。油炸豆皮寿司(5个250日元)	上限价格980日元。中心价格680日元。稻荷寿司(3个、148日元)	无	商品平均陈列，没有动感。人气商品的陈列数量少，只有1个饰面	分出销售方式的主次及重点
陈列布局调查	有试吃活动，但无人参与。蔬果→鲜鱼→精肉→副食(寿司)的顺序	寿司和副食品卖场相隔太远。蔬果→鲜鱼→副食→精肉的顺序	无	卖场整体的陈列布局不清晰。卖场整体昏暗	靠墙摆放印有照片的面板和样品宣传板等，吸引眼球
货架配置·饰面数调查	1个饰面2款，分3处陈列，但没有纵向陈列	分2处陈列	无	看不到操作场地。无货架配置表的卖场	把主推商品的饰面摆放得更醒目，增强数量感

※ 推进步骤：①如实记录本店和竞争店的实际情况。②按不同项目区分优势和劣势，记录对本店的评估。③记录本店的课题。

相反，劣势是：

①卖点不突出，不清楚想卖什么；

②宴会专用寿司拼盘是劣势；

③商品品种少，缺乏选购的乐趣；

④畅销商品陈列数量少；

⑤卖场整体光线昏暗（照明、托盘色彩、展示物等）；

⑥缺少明确的陈列货架指示。

得到了本店与竞争店存在很大的差距这一结果后，本店立即确定了面临的课题，并着手制定了整改方案（行动计划）。

①精选上等原材料和调味品，提高寿司口感、味道（一定要自己试吃）；

②为保证美味的寿司能在味道最鲜美的时候吃到嘴里，明确标示出供货时间（安排好作业时间表）；

③按时间段，详细制订重点商品销售计划，大胆推出最想卖的商品（改变饰面数相同、呆板陈旧的钢琴键型商品陈列配置，努力创造出主次分明、具有吸引力的架子鼓型陈列配置）等。

以上介绍了综合评估的整理顺序及实际归纳整理示例。当把它制成图解和一览表（综合评估表）后再回头看时，以前在单独调查中看不到的问题，现在也会一目了然。如果只调查价格，就只能搞清楚价格的问题，结论也只能局限在是提价还是降价上（几乎所有的结论都倾向于降价）。其实，味道、数量、质量、氛围以及是否易于购买也都是消费者最终决定是否购买的重要选项 。

反思过去，你们是否真正理解，必须按照“顾客的想法”去采取营销措施及制定对策呢？我一直认为只要把握住事实真相，80% 的问题就已经被解决了。所以我愿意从各个角度收集事实根据，再横向纵向多角度地加以分析，最后落实到具体的行动上，努力把工作做好、做到底。

（2）分部门 MD 分析的方法

即便已通过各种调查切实把握了真实情况，汇总成了综合评估表，明确了今后的课题也不必急于付之行动。想立即大干一场的心情固然重要，但如果没有大量数据做后盾，别人是不会轻易认可你的行动，也不会参与到你的行动计划中来的。知道不等于明白（要达到自己领悟后并能说服对手的水平），明白不等于会做（充分领悟后方可放开手脚一搏）。我们置身于组织之中，在这个组织机构里有许多不同想法的人存在，说服他们需要时间和努力，这一步骤决不能够省略，否则你的努力不仅不会取得成功，还将适得其反。

①如何界定优势·劣势

我把分部门 MD 分析叫作 MD 评估总结（MD 优势分析），这属于我的独创。是以 MD 为中心收集事实依据（从各种调查中收集与 MD 相关的事实），辅以数据资料以及反映实际成果的具体数字，再总结出店铺（企业）强或弱的方法。断定哪个部门弱、哪个部门强不是件简单的事情。一般来说，每家企业（商家）都会把营业额高的部门（构成比高的部门）与低的部门、分部门管理上能产生利润的部门与不能产生利润的部门、完成预算的部门和未完成预算的部门等，分别界定为优势部门和劣势部门。我基本上也是遵循同样的规则，只是还额外加上了其他几项指标。

为什么一定要区分出优势部门或劣势部门呢？许多人都会认为，所有的部门都需要配备人手工作，用不着制定什么特定指标，所有部门共同努力不就行嘛。其实这样想不是不行，但在竞争日益激烈的今天，“买那种商品的话我想去那家商店”，

“接受这种服务的话我想去这家商店”，其实在消费者的头脑里早已有了既定目标。换句话说，如果商家缺少了自己的特性，恐怕难以在竞争中存活下去。

照此说法，只要建一家超级大的商店（所有部门都特别大或者在大部门下再设许多小分店的超级大商店）不就万事大吉了吗？其实不然，大的商店需要较多人手，特别需要大量有经验的工作人员，使他们磨合到一起需要较长时间，这就意味着投入的资金也会长时间闲置，长期不能产生利润，导致资金的效益恶化。而如果日后再没有取得较好的成果，到那时恐怕整个企业的根基都会被动摇。

如果想利用现有的经营资源打造一家有特性的商店，就必须掌握本店各经营部门的优势情况，并在此基础上不断加强和完善各项工作，同时必须向着缩小规模、减少工作量（委托外包）的方向发展。另外，很多人嘴里都讲过“希望能发挥自己的优势”，但迄今为止连你自己都说不清哪些是你的优势又何谈发扬呢？还有一种口号听上去更让人深受鼓舞，提出要“创造核心商品和核心部门！”但如果连这种核心（优势）的概念都含糊不清，这也不过是一句文字游戏罢了。

②组合定性数据与定量数据

这种分部门MD分析是依照各种调查的结果，把消费者呼声高和临时工评价好的部门和商品（服务）以及在竞争店调查中评价高的部门和商品（服务）暂定为优势部门，反之，评价较差的部门暂定为劣势部门。接下来，通过评估和分析各种内部业绩计算得出数据来作为评估的依据。通过调查获得的评估（包括评价）是定性数据，对实绩和业绩的评估是定量数据。两组数据完全一致时，优势划分的结果才能令人信服。

实际测试的结果显示，被消费者称赞“很棒”“评价好”“感觉好”“好吃”的部门其数值基本上都在“好”或“一般”的范畴内。绝对不会出现“不好”的数值，这似乎和零售业本身就与顾客息息相关的商业特性有关。只是选择哪种数值（对比用的指标），还有商榷的余地。

内部业绩评估方法不属本书的主旨，故不在此讲叙。分部门算出①营业额增长率；②毛利率；③商品周转率；④每坪的营业额；⑤营销管理费率等数据后，再按部门的成绩优劣排名。可以采用三分法划分，把上三分之一定为“好”，下三分之一定为“不好”，中间三分之一定为“一般”。除此之外还可以采用四分法划分，把上四分之一定为“好”，下四分之一定为“不好”，中间四分之二定为“一般”。

③实例研究

表Ⅳ-2是某食品超市的分部门MD分析记录表实例。竖列是各部门名称，横行是基于实事求是的精神记录的优势与劣势。本表把从顾客问卷调查、临时工集体采访调查（见第五章）、上述五项竞争店基本调查以及从内部业绩评估中获取的事实全部汇总在了一起。

农产品部门的优势是本地产蔬菜品种多，新鲜可口。在顾客满意度问卷调查中，这一点是获得顾客广泛支持的理由。从数据上看，该部门的商品周转率和毛利率在公司各部门中均占第4位，GMROI占第1位。GMROI是Gross Margin Return On Investment的缩写，是指毛利率×商品周转率的意思。但农产品部也不是所有项目都强，也有自己的弱点，从数据上看蔬菜部的销售额增长率只排在第9位（相对水果部的第6位）。虽然也许还有其他原因在里面，但在顾客满意度调查问卷里，有顾客提出了“零售散卖品种少”“每份商品重量单位较大”的意见，这或许不是决定性的因素，但至少能成为解决问题的线索之一。

在进行分析前一直被公认为优势部门的水产部，由于鱼类品种少、加工食品不多，再加上毛利率只排名第9位（似乎与降价损耗多有关），最终的结果很不理想，受到的打击最大。但

表Ⅳ-2 分部门MD分析记录表实例

项目/部门	优势(实事求是的评估)			劣势(实事求是的评估)		
	优势	理由	数据实际成绩	劣势	理由	数据实际成绩
农产品	本地产蔬菜品种多,新鲜可口。	从顾客问卷调查可知:本店与当地密切结合获得了极高评价。	GMROI排名第1位。商品周转率、毛利率均高居第4位	提供的信息少。零售散卖品种少。价格偏高。提供的单位重量过大。	根据顾客问卷调查。	销售额增长率: 蔬菜 第9位 水果 第6位
水产品	生鱼片拼盘价格、种类都胜过竞争店。对生鱼刺身的评价高。	从MD差异化的调查及顾客问卷调查得知。	GMROI排名第3位 综合排名第4位	鱼的种类少。不够新鲜。加工食品少。	临时工集体采访调查(对新鲜度问题,顾客提出4件反馈意见)	销售额增长率 第10位 毛利率 第9位
畜产品	价格和质量的信誉度高。	从顾客问卷调查得知。	营业额/卖场面积构成比 第1位	质量不好(肉馅)。小分量包装食品种类少。每个品种的单品少。	从货架与饰面数调查及MD差异化的调查获取。	销售额增长率 第11位
副食品	寿司、炸牛肉薯饼味道好。	从临时工集体采访调查得知。	营业额增长率 第1位	面包、豆腐、熟食品味道不好。保质期过长。	平均每坪的销售额和毛利率均低。	毛利/卖场面积构成比 第3位
日配品	PB(商品战略)上价格便宜。	从价格重点调查得知。	营业额增长率 第4位	畅销商品种类少。看上去不太好吃。	从临时工集体采访调查得知。	毛利率 第8位
加工食品	咖喱食品和意大利面的品种丰富齐全。	从货架配置与饰面数调查得知。	营业额增长率 第3位	商品种类不够。新产品种类少。	从重点商品促销调查得知。	综合排位 第8位 毛利率 第10位
糕点	日式糕点味道好。	从顾客问卷调查得知。	商品周转率第5位	商品种类少(因为过于限定种类)	从货架配置与饰面数调查得知。	综合排位 第10位

能找出问题的根源，应该说收获也最大。最受欢迎的副食品部销售额增长率虽然全公司名列第一，但坪效（总销售额 ÷ 总经营面积）和毛利率都不高，明显是由于机会损失（错失商机）造成的。还有许多工作亟待进一步完善，特别是晚七点以后的这段营业时间。

通过分部门 MD 分析，我们不得不坦承，“好看的数值背后肯定有它好的理由”。虽然只分析数值能找出很多借口，但都无法用来制定出具体的应对策略。而只要编造好理由就能随意制定出上万的目标数值，但我们不能沉迷于表面数字，而必须经常把数值拿出来与卖场的实际情况相对照，请务必珍惜这些数值带给你的灵感和宝贵经验。

2. 分部门 MD 战略的制定方法

掌握分部门 MD 分析的方法后，就能够清楚地区分 MD 优势部门和劣势部门。而且，你会发现优势部门里也有弱点，而在劣势部门里也时常能发现闪光点。此时此刻，你才能充满自信地说出：“进一步发挥优势，并改善劣势！”

（1）MD 战略的整理方法

知道了该把手术刀挥向卖场的哪个部位进行手术时，就该提出具体的方案了。绝不能满足现状，至少也应该重新审视商品，变换饰面数，改动陈列位置等，进行“商品按摩”。

“商品按摩”这个词听起来似乎很陌生。其实，就像对疲倦的身体按摩一样，对卖场也要不时抻一抻，拉一拉（需要不时增减饰面数，改动陈列配置等）。通过对卖场的整改，让顾客能更好地了解到商品的精妙之处和个性特征。

接下来，如果真的遇到需要花费较大资金的情况时，如必须增减货品区面积（货柜和货架数），更换供货商（厂家、批发商），提高人员素质，调整陈列配置以及招租新的专卖店等，只要问题确凿无疑，就必须提出建议方案。

表Ⅳ –3 是分部门 MD 战略的整理实例，是在表Ⅳ –2 的分析结果基础上制作的。竖列分别为优势部门、劣势部门和普通部门，横行则标出相关部门的名称以及理由、拓展领域、缩小领域和新挑战领域等。

这里说的“领域”不是指部门大小的范畴，而是指其中的小分类、中分类和大分类的范畴。多个单品合在一起为一个品种，多个品种合在一起是一个种类，多个种类合在一起是一个种群，可以把这里的“领域”看成是商品种类或种群的意思就行。

对优势部门、劣势部门和普通部门分法的标准，我在上一节介绍了三分法和四分法的标准。决定综合排名的基础是各项指标，在前面我虽然阐述过，但不充分，如果还有更好的指标，可根据业态特征和企业特点适时增加。假设有 10 个部门，把综合排位前 25% 的 1 ~ 3 名（或者是 1 ~ 2 名）定为优势部门，把排位后 25% 的定为劣势部门，中间的 50% 的定为普通部门。

从整理表上的实例看，优势部门只有蔬菜部。对于是否把销售额和毛利率的构成比均高、卖场面积上每坪销售额也高的畜产部也划归优势部门多少有些疑义，主要是肉馅出现了质量问题。另外，尽管畜产部扩大了营业面积，但营业额不增反降，对它的评估也产生了负面影响。

其实，对强势部门蔬菜部也有些负面意见，如反映蔬菜部提供的信息少，价格也偏高等。因此对蔬菜部的负面意见如何去判断和处理也是个问题。最后还是决定用顾客意见和真实数据来决定排名。经过综合判断，由于顾客意见与真实数值之间偏差较大，因此畜产部被定位为普通部门。

横行中加入了把部门分成优势部门、劣势部门和普通部门的理由这一项，而把理由这一项制成一览表是因为能使理由简明易懂。优势是相对的，如果一定要做对比并硬性分出优势，也只能最大限度地利用这种特性。然后，再基于这种事实，总结出下一步该如何做、采取何等具体措施的MD战略。此表里还记录了拓展领域、缩小领域、新挑战领域的项目，目的是为了能更有效地利用有限的卖场面积。此处只要提出相关的拓展或缩小的建议即可。

表Ⅳ-3 分部门MD战略整理表

<table>
<tr><th colspan="2">部门</th><th>理由</th><th>拓展领域</th><th>缩小领域</th><th>新挑战领域</th></tr>
<tr><td>优势部门</td><td>蔬菜</td><td>柜台多，推销工作到位(综合排位第2位)。销售额构成比高。</td><td rowspan="8">蔬菜：增加进口蔬菜销售。

畜产：扩大烤肉原料销售的陈列面积(扩大了4尺的面积)。

副食：增加中华菜系加工食品的种类：饺子、烧麦等。

日配：增加冷藏甜点和点心。

水产：增加鱼子、贝类、壳类、生鱼的销售(扩大4尺的面积)</td><td rowspan="8">点心：缩小玩具点心和袖珍型小点心的销售规模。

食品：削减与酱油、大酱等基础调味料类似的食品的销售。</td><td rowspan="8">面包：加强松软型面包的销售(特别是法系面包)。

礼品专区：加强品牌糕点、手工土特产的销售。

加工食品专柜：引进特许经营店(出租店铺)。

增加销售具有特色的调味料的专柜。</td></tr>
<tr><td rowspan="3">劣势部门</td><td>点心</td><td>毛利率排第11位。与卖场面积相比，商品备货种类少。</td></tr>
<tr><td>副食品</td><td>平均每坪的销售额和毛利率均低。畅销商品种类少。</td></tr>
<tr><td>水果</td><td>平均每坪的销售额和毛利率均低。竞争店的零卖散卖方式受欢迎。</td></tr>
<tr><td rowspan="4">普通部门</td><td>畜产</td><td>销售额增长率低。销售额与毛利率的构成比较高。</td></tr>
<tr><td>食品</td><td>平均每坪销售额低。商品种类少(特别是色拉调料)</td></tr>
<tr><td>日配品</td><td>商品种类少(特别是甜点)。商品陈列方式太老套，没有吸引力。</td></tr>
<tr><td>水产</td><td>毛利率低。但顾客的期待值很高。</td></tr>
</table>

（2）探索具体对策

为什么一定要履行这样烦琐的程序，难道没有更简练的做法吗？讲到这里时，也许有人会冒出这种想法。如果单靠花点子和灵机一动就能解决问题那倒也简单，但如果这种结果至上主义不奏效又找不出失败的理由，那么，你就永远无法掌握店铺（企业）应有的这种知识技能。而这种技能也是有基准的，能够实际应用。“按照基准，向右一点，或者向左调整。”像这样，只要找到了与基准的差距，我们就可以明确应调整的方向，“向右一点，不要靠左！”这种技能今后是否能加以利用，取决于你自己是否具备“暂时的自我基准轴”。

我本人特别喜欢“暂时”这个词。因为，我们一旦制定了“基准”和“标准”，自己就会被这些词句束缚住。同样，一旦知道了理论也会被理论所束缚，不论眼前的实际变化多大，也往往会固执地坚持着那些理论。

所谓基准就是把某一时刻的数据罗列起来、系统化，只能在特定的时间里使用，但绝对不会一成不变。如果赞同这种观点，则现在需要立即着手做的是核对现状，掌握现实的数据，制定适合它的自己的基准。这一切都必须从卖场（现场）的实际情况出发。

这个基准应该是“暂时的基准”。对调查时使用的各种图表和调查后整理出的各种图表，都不需要拘泥于细节，只要暂时能用就行。当发现不适宜或需要完善时，再修正也来得及。

在拓展领域方面，建议蔬菜部充实进口蔬菜品类，对畜产部提出增加烤肉原料的要求。从顾客问卷调查和竞争店调查上，得出了制订进一步强化优势部门农产部和普通部门畜产部的行动计划。副食部一直都是劣势部门，从整个行业和其他公司的发展方向以及顾客的呼声来看已经远远落后，是今后应该大力扶持的部门。对副食部特别提出了增加中华菜系加工食品种类的建议。由于水产部在本地消费者心中期望值很高，建议尽快增加生鱼赤身和贝类水产品的销售。

被建议缩小领域的是糕点部（特别是玩具点心等），但这不属于全国性问题，只与本店所处的小环境有关，因为恰巧本店所处地区儿童的出生率很低。现在经常能听到零售业整体不景气，规模在不断缩小，店铺大量关门的话题。的确，无论在宏观上（国内经济和零售业）还是在微观上（本地区、商店和卖场等），这种倾向都在蔓延。但问题也不能一概而论，虽然零售业整体发展呈下降趋势，但具体到每一个单位情况又有所不同。

对新挑战领域，在调查旺铺的畅销理由以及具体数据后，对面包房提出了增加法式面包生产和销售的具体方案。热菜加工专区由于熟练工和设备不足，建议引进出租档位的营销模式（按营业额收取一定比率的租赁费用）。一个好的商店必须持续不断地把自己的魅力展现给外部世界，只靠“离得近，购物方便”的优势已经无法再与竞争店抗衡，因此需要通过不花钱的“商品按摩”以及需要花钱的设备更新，不断把自己打造成更具魅力的店铺。要想成为不让顾客厌烦的店铺，就要具备把本店打造成“永远的新店”的意识，不断充实和完善自己的店铺（卖场）。

表Ⅳ –4 是最近经常使用的分部门 MD 战略表的样表。是在细化表Ⅳ –3 后，为能进一步采取具体对策而制定的。在采用相同顺序决定优势（劣势、一般）领域后，填入各种不同的理由。并且，按照各不同领域填写应加强的部分、应调整和完善的部分以及需要创新的部分。

最后，我真诚地希望各位能利用好这张表，真正做好对竞争店调查的整理工作。

表Ⅳ-4　按部门MD战略表的样表

部门名称：　　　　　　　　　　　20 年 月 日( )执行人：

	领域名	理 由(优势・劣势・一般的根据)	应拓展的商品・服务(需加强部分)	应缩小的商品・服务(需调整改善部分)	新开发的商品・服务(需努力部分)
优势领域					
劣势领域					
一般领域					

※ 注意 ×× 优势(劣势)领域是指与竞争店相比，本店的这些领域是强或弱。

3．从竞争店调查中领悟的行动计划

定期调查竞争店，定时定点观察顾客的着装，参观学习热门商店，是所有从事零售行业人士的基本功课。

整理综合评估表，消化调查结果，在进一步明确课题和找出问题后，制订出具体的行动计划。

（1）填表方法

找出本店的努力方向和存在的问题后，应一鼓作气制订出“从竞争店调查中领悟的行动计划”。该行动计划应按不同部门分别填写，这样可以区分出对策的重点范围，实用又方便（见表Ⅳ－5）。

表Ⅳ–5　从竞争店调查中领悟的行动计划整理表示例

部门	分类	竞争店现状	本店现状	相同方法实施时的优缺点	希望实施的项目	成本	评价	预计效果
蔬果部	推荐菜品	按推荐菜品进行商品组合搭配。	黄豆、蘑菇、凉拌菜统一放在同一专柜销售。	对具体的商品应该制作介绍卖场和商品说明的POP。需要明确商品饰面。	在平台企划上落实推荐菜品计划。联合厂家共同参与促销活动。	—	◎	提高购买件数、活跃卖场气氛。
	不同产地的水果品种	设置了两处产地不同的西瓜卖场。拉开价格差距，分成AB两个等级销售。扩大B价格(便宜)的销售。	只有A级。价格高。但味道非常好吃。	AB没有同时摆放。但B赠品的处理方式不好，给人一种廉价处理品的印象。	把B作为主要赠品，打造廉价的形象。前提条件是拉开价格差距和保证质量(味道)标准。	—	○	与竞争店的价格带相同，有助于恢复本店物美廉价的印象。
	扩大本地市场	展销多种本地的产品。价格上扁豆便宜2/3、菠菜便宜1/2。	经营的品类已达到极限。价格也不同。	包括B以下的商品都很便宜。能满足商品功能的款式被限量销售。	调整日配品的位置。调整与常规货架之间的空间距离。	—	○	能提高购买件数和增强平日卖场的活力。
	加强应季时令商品	特卖区的销售主力商品早已确定。营销动作快。(主要是大棚的柑橘等)。	所有的品种齐全。主力商品也有2、3款之多。	想推销的商品目标明确。	引进时机不对，卖场推荐不充分，需要加强。把推荐菜品与季节商品搭配在一起，在周末计划中实施。	—	△	让顾客重新认知本店也在经营应季商品。可以在卖场充分表现出季节感。

首先在左边的“分类”一栏里，记录本店应致力的课题和改善的项目，接下来把相关的内容记录到“竞争店现状”和“本店现状”一栏里。如果到此时你还尚未针对重点商品和重点项目开展过调查，那么下面的整理工作将无法再继续。

对把竞争店的做法引进（或模仿）本店后将产生的优缺点进行汇总后，填入“相同方法实施时的优缺点”一栏。因为即便竞争店的做法得到认可，但也有可能不适用于本店，或者只模仿到皮毛，也不可能成功。在此处要多花点时间从各个不同角度深刻探讨可能产生的优缺点后，如果再发现有需要完成的课题，就在“希望实施”一栏中提出调查者本人的建议。届时，可以把在执行过程中自己能够想到的问题都写进去。例如，“需要安排与 ×× 部门的例会场地”“需要制作和打印单品的 POS 数据示意图”等。明确写入必须解决的前提条件。

关于调查成本，到底需要多少费用，在情况不明的情况下无法向上级申请预算。但也大可不必太在意，只要在“成本”一栏里填上大致的估算就行。

在“预计效果”一栏里，记录在执行过程中可能产生的效果。这里面包含有可以用增加购买数量和提高顾客单价这种具体数字能表示的预计效果，也有像信用、印象和服务等不能用数字表示的设想效果。

在“评估”一栏，对所有记录完毕的项目排定先后执行的顺序，◎标志是“立即执行”，○标志是“等待执行”，△标志是“有待执行”，× 标志是“放弃执行”。对决定执行的项目，要记录具体执行人的名字和预定开始、结束的日期，并在例会上确认和实施全程监督。

只要把“从竞争店调查中领悟的行动计划”坚持下去，就一定能从根本上解决卖场中存在的问题。

商品力薄弱是店铺运营的老问题，现实中我们发现，其实在商品价格和商品类别上本店与竞争店之间的差距并不大，只是应季商品的推销和宣传做的不好，主要是销售、陈列和展示的方式上有问题。另外，也不是说对顾客的规范服务出了问题，主要是服务标识等不清晰、不完善，导致店铺与顾客之间的沟通不畅通。

在此我们应该领悟到，其实在日常工作中并不需要做什么惊天动地的大事、新鲜事，只要多动动脑筋，就一样能创造出一个独一无二、真正属于自己的优势。

（2）掌握优缺点，尽情模仿和学习

表Ⅳ –5 是某店在执行从竞争店调查中领悟的行动计划的实

际例子。“绝不允许为调查而调查！”参与调查的成员抱着这一强烈认识，以他们为中心，自发地开始了调查结果的汇总工作。他们制定了以部门为单位分别填写的大原则，这样更能抓住重点，记录的内容也更具体。事前预设了“分类”和更具体的小项，不仅可以避免调查的遗漏，还能整理得更细致、更具体。

首先在“竞争店现状”一栏里，填写了竞争店正在实施中的某些具体内容。在接下来的“本店现状”一栏里，记录了与竞争店相对应的本店正在实施的具体内容。如果此时尚未针对重点商品的重点主题和重点项目进行过调查，上述整理将无法持续下去。以图表中的这家店铺为例，该店对自己实施的推荐菜单活动总是感到不满意，但就是找不出问题的根源。通过整理才发现两家店的不同之处，原来竞争店是以推荐菜品的形式对商品进行了搭配组合，而本店现在依旧采取按品种搭配组合的销售模式。

在“相同方法实施时的优缺点”一栏，记录了这句POP宣传口号——“这道菜品由于使用了这种商品，更易打造出理想美味！”根据某调查机构的调查结果显示，80%以上的主妇都为今晚不知道要做什么菜而苦恼。因此，他们在该栏中记录的内容是：在本店实施后的优点是，推荐菜品不仅能解决家庭主妇做晚饭的烦恼，更能成为本店提高主力商品和重点商品销售额的重要促销手段。

对于“希望实施的项目”一栏，在具体执行的过程中肯定会出现一些需要解决的问题（有好有坏），如设计和制作菜品样品需要花时间和功夫，菜谱还需要花费复印费用等。因此，应在考虑好正反两方面的问题后，若依然有坚持要执行的项目，就继续记录到本栏中。例如：希望“在平台的企划活动中落实推荐菜品计划”。

在“成本”一栏，由于需要多少经费不清楚，因此空着没有填写。

“预计效果”一栏中，填写了“有可能提高重点商品的购买数量”，并且由于这样的企划肯定会受欢迎，因此填写了“活跃卖场气氛”的内容。

在“评价”一栏，给蔬果部的评价最高——“非常有效”。这体现了图表整理者的真实想法，可能是观察竞争店的这个部门后让他感触最深。

上述方法不仅需要负责商品和商品销售工作的店员全力以赴去完成，还要请店内所有人员（包括负责促销、企划、商品开发等的工作人员）都积极配合。请他们从POP、传单广告、促销活动、陈列配置、货架、备品、租赁、停车场、路标等方面，事前选定与自己业务有关的内容提出宝贵意见，这样就更容易找出不同之处，发现优缺点。“了解最想知道的事”，这才是我多次强调的调查出发点。

4. 利用检查表进行评估

每天都利用竞争店调查表对竞争店进行调查和评估，在时间上难以保证。制订了行动计划却又不能彻底执行的话就毫无意义。针对这一问题，有一个既简单、又能每天实施的评估方法——利用检查表进行评估。如果使用这种评估方法能同时评估本店和竞争店，则效果会更好。

（1）设备和布局（硬件方面）

一般来说，在对比不同事物时，人们对肉眼可见的色彩及形状等、用数字明确标示的价格及尺寸等、用固有名词表述的厂家名或品牌名称等，看法会基本一致。但对好吃或难吃这种味觉上的判断和好看或难看这种视觉上的感受，意见往往相悖。零售业是与顾客生活息息相关的生意，是诉诸于顾客感官的产业，许多商品之外的东西根本无法用数值表达或传递。

例如，无论商品价格多低廉，只要店面脏乱，商品不新鲜，顾客就不会光顾；尽管店内商品种类齐全，但只要样式陈旧或不受青睐，顾客也不会购买。退一步说，即便卖场被整理得整齐规范，但如果售货员服务不周，顾客也不会上门求购。但对于如何判断好与坏、胜与负、黑与白、赞成与反对这种是非曲直的问题，不应该单凭个人的好恶去判断，需要有一种大家都能接受的标准。这时候需要的就是我曾向诸位推荐的“暂时标准”——检查表。只要拿此标准制作检查表并进行对比，许多难题就会一目了然，迎刃而解。

（2）卖场与规范服务（软件方面）

① 检查卖场

表Ⅳ –6 是卖场检查表的样表。虽然语言有些抽象，但如果采用检查表对包括本店在内的多数商家进行评估的话，卖场的问题、优势与劣势以及亟待改善的项目等就会一目了然。

第一项是检查卖场的商品和主题是否简明扼要。验证对应季、庆典、旺季、新鲜、廉价和个性化等店方的主张是否已经准确地传递给了消费者。采取 5 分制的评估方式，这种相对的评估方式只有在对比后才能得出结论。

第二项的内容多少也有些抽象。检查手提购物篮或手推购物车行走时，是否会经常碰撞货架或货柜，顾客之间是否也容易相互碰撞，如果存在这种情况，则表明肯定是通道狭窄不好走。

第四项是检查重点商品的陈列是否显眼。这里特指现在必须主推的即时性商品，如在电视、杂志等媒体上大肆炒作宣传的商品。对这种商品来说时间就是生命，营销活动的实施若晚了半拍，商品价值就会大打折扣。

第六项是检查关联商品是否进行了统一汇总陈列。顾客带着目的来店购物时，看到关联陈列的商品就不再需要来回走动，只需在一个柜台就能获得自己所需的全部商品。对顾客来说方便购物，对店方来说也能提高采购数量。比如说，集中陈列与新学期开学相关的书桌、书包、地球仪和拖鞋等。

第九项是检查商品的干净整齐程度。按尺寸、颜色和价格分别陈列商品，对顾客来说易于购物，对店员来说不仅容易补货和订货，也可以避免缺货时没有补货或有货时重复订货的工作失误。

以上提到的只是部分项目，并不全面。希望各位能继续将之修改得更容易使用，整理成适用于各种业种和业态的项目表。

表Ⅳ-6　卖场检查表的样表

卖场名称：　　　　　　　　年　月　日(　)执行人：

	检查项目	满分5分				
1	观察货品区在哪里？有什么商品？你看出它传递的主题信息了吗？	5	4	3	2	1
2	货品区是否容易进入？通道是否方便行走？	5	4	3	2	1
3	价格卡是否与商品匹配？文字是否容易读取？是否放置在既定的位置？	5	4	3	2	1
4	重点商品是否陈列在最醒目的地点上？	5	4	3	2	1
5	观看展销后，能否弄懂他们在展示什么？想推销什么？	5	4	3	2	1
6	汇总陈列了关联商品吗？	5	4	3	2	1
7	重点商品库存充裕吗？	5	4	3	2	1
8	商品根据它的用途、特征进行分类的结果，是否易看？易选？易对比？	5	4	3	2	1
9	商品的陈列干净整洁吗？	5	4	3	2	1
10	是经营季节性强和热炒中商品的商店吗？	5	4	3	2	1
总分		50分满分(35分以上为及格)				

② 检查规范服务

规范服务是指留给顾客良好印象的待客服务方式。如微笑相迎，主动问候，直视顾客，体贴入微等。微笑着打招呼，不仅能带出店内的活力，同时也能让顾客心情变得开朗。顾客心情好了，店员也会不可思议地快乐起来。

表Ⅳ－7是规范服务检查表的样表，也是我的独创。第一项首先是检查对顾客进行“问候”。第二项记录的是与卖场检查表完全相同的内容，“货品区是否易进出，通道方便通行吗？”第三项是检查“导购”服务项目。作为店员自然很熟悉店里的每一个角落，在引导顾客购物时也一定想要热情细致地指引物品陈列位置，但对于大部分顾客来说其实还是不知所云，听起来云山雾罩的。因此，导购服务应该做到既热情又会正确引导。第七项的“交接”工作也很重要。交接的不好，极有可能直接引起顾客不满，损害商家声誉。相反，良好的交接也会提高顾客对本店的忠诚度。第八项是检查“着装”。现在不统一着装的商店不减反增，再加上有些店员上装褶皱、下装没有裤线等邋遢的样子，更会引起顾客对商店的经营态度产生疑惑。第十项又是检查“微笑和问候”。问候是不用花钱的促销形式，许多顾客往往都是冲着精神饱满的店员来商店购物的。

此外，部分企业还看重仪容仪表，会检查头发颜色和长度。因为头发长用手梳拢的机会就多，发丝沾到商品上的可能性就会增加，特别是用粘上染发剂或整发剂等化学品的手触碰商品，更容易留下污痕。

望诸位在实际应用时根据自身企业的特点，不断修补和更正，切勿生拉硬套。

表Ⅳ-7　规范服务检查表的样表

店名：

	检查项目	满分5分制				
1	问候时令人感觉良好，导购也爽快麻利。	5	4	3	2	1
2	货品区通道易进出，方便行走。	5	4	3	2	1
3	顾客询问货品区和厕所时，态度和蔼并能正确引导。	5	4	3	2	1
4	商品销售咨询服务出色。	5	4	3	2	1
5	会聊季节性和传闻性强的话题。	5	4	3	2	1
6	不用过多等待，包装迅速麻利。	5	4	3	2	1
7	订货和电话预约等交接工作出色。	5	4	3	2	1
8	店员（售货员）服装整洁、形象好。	5	4	3	2	1
9	待客亲切，接触后能留下好印象。	5	4	3	2	1
10	收银台唱收唱付，笑脸相迎，打招呼、问候时态度良好。	5	4	3	2	1
总分		50分满分（35分以上为及格）				

第5章

以顾客的视角了解与竞争店之间的关系

1. 通过亲自购买，实施竞争店购物调查

（1）愉快地进行购物调查的方法

直接去竞争店做购物调查，是一种最具体的、所有人都皆大欢喜的调查方式。在对竞争店的调查上，我们经常会听到“要站在消费者的立场上去观察”这句话。如果你有这种想法，愿意以一名普通顾客的身份去做购物调查，就必须做好自掏腰包购物的准备。用自己的钱买东西，态度就会认真，会理智地判断和了解商品质量和原料等是否物有所值。购物调查正是利用这一消费者的购物特性对竞争店进行调查的方法之一。

实施程序很简单。首先召集几名正式员工或临时工，交给每人一定数额的钱（预算），派他们去竞争店购物。派去的人数不限，只要不影响竞争店经营即可。专卖店或药妆店可派 1 ~ 2

人；食品超市或 HC（Home Center 的简称）可以每个部门派 1 人（全店共派 5 ~ 7 人）；大型商场一般派 10 ~ 15 人。

让他们购物并不是无限制地自由采购，而是要分派给他们任务，提出具体调查课题。如在食品方面，给他们的任务是：购买一家 4 口人的晚餐原料。服装上的任务是：购买 3 件自己喜欢的便装。日常生活用品方面的任务是：购齐圣诞节使用的家庭装饰品。当然，应该把自己想要了解的事项事先明确告诉调查者，否则购物调查也不会有成效。

至于给他们多少钱，可根据不同的调查目的发放。最好以平均的客单价为标准来设定。食品超市每人发 2500 日元；HC 每人发 3000 日元；在调查服装时，可专卖店发 4000 日元，大型商场发 5000 日元。总之，这只是一个大概估算，根据商品不同和季节变化，当然也要有所变化。购物的时间最好定在上午 11 点 ~ 下午 4 点之间，因为这个时间段里商品齐全，基本不打折扣，特别是食品没有折扣，比较容易调查，也容易与本店进行对比。调查不用限定时间，如果时间允许，除了自己负责的卖场外，还可以同样提着购物篮或推着购物车去其他卖场转转，充分调动调查者的感官，详细收集竞争店的信息。

购物结束后，可在会议室、经理室、食堂或仓库等合适地点摆上桌子，放上采购来的商品。然后，请每一位调查者就以下题目发表意见。

①在竞争店挑选这件商品的理由；

②选择商品时的感受；

③易买（或难买）的理由；

④是否在预算内完成了交付的任务？

⑤与本店不同之处？优势和劣势在哪里？

要让与会的所有员工都畅所欲言，特别是临时工有着丰富的生活体验，他们对商品、价格和服务的感受及评价具体又细致，其意见和建议的深度往往会令人刮目相看。

（2）来自实际生活体验的意见

表Ⅴ-1的内容资料来自于某服装专卖店的调查总结。该表主要是通过对比竞争店，找出本店的优势与劣势，再按部门分别挑出相关的项目记录在上。由对比的结果可知，本店的情况真是糟糕透顶，但由于明确找出了本店固定盈利商品，即内衣、内裤、袜子和睡衣部的不足，因此应该说收获颇丰。

特别是对商品种类和质量提出了许多批评意见，令人颇感意外。对于“内衣卖场位置难找”的意见，店方立即着手清理了店内多余的导购标识和广告，改变了商品布局（货架的摆法），把货架直接面对主通道，摆成90度的直角。对“内衣式样不新颖”的批评，则立即引进了大量品牌商品和高档丝织品。相反，令店方引以为傲的是本店经销的紧身塑形衣裤不仅品种丰富，尺码齐全，还坚持举办试穿活动，因此顾客反响热烈。相反竞争店则不提供试穿。

另外，女装部门获得的调查建议是多开发面向年轻女性的L码女装（现在的L码女装主要是针对中年妇女）。另外，调查显示，店内销售的商品太土气，陈列方式呆板。至于童装部，调查建议希望能增加一些上档次的高端商品，顾客批评本店陈列的童装“看上去全是一堆待处理的便宜货”。逆耳的批评令店方警醒，他们开始反思自己的所作所为是不是忘记了顾客需求，而只顾追求低价竞争的错误商品政策。

在活动中，他们还把从某食品超市买回来的食品与本店经销的食品一同拿出来试吃。试吃前先把价格和店名遮掩起来，让在场的人选出哪种商品更好吃。试吃的结果是，特选蜜橘味道与价格不符，而本店没有销售的三色糯米小豆盒饭最受欢迎。通过上述活动，他们重新认识到用顾客的视角观察卖场和商品的重要性。其实，这种对比购物和对比试吃就是竞争店调查的最佳方式。

表V-1　竞争店购物调查整理表

	卖场	商品(质量、品种)	价格	服务
优势		·紧身衣裤尺码多，颇受顾客好评		·能试穿紧身衣裤，颇受顾客好评
劣势	〈内衣〉 ·难找(2) 〈袜子〉 ·连裤袜卖场的商品式样难看 ·在货品区里很难寻找到袜子 〈睡衣〉 ·希望能增设专柜，销售100%纯棉的睡衣	〈内衣〉 ·S尺码的内衣只有1种 ·增加上档次的商品(2) ·适合30多岁妇女的内衣少，无挑选余地 〈袜子〉 ·样式少，尺码不全 ·童装品种少(2) ·相同式样的陈列过多 ·连裤袜的颜色少 ·没有品牌商品 〈睡衣〉 ·品味差 ·式样少，尺码不全(4) ·没有大尺码(2) ·增加上档次的商品(2) ·样式多趋向老年款(2)	〈内衣〉 ·希望能增加低价位的、物美价廉的商品 ·与质量相比，价格有点高 〈袜子〉 ·希望多增加物美价廉的商品	

2. 深入了解顾客的方法

通过倾听顾客心声，能够了解竞争店的优势与劣势。顾客经常会有意无意地将竞争店与你的店铺进行对比，并在不知不觉中用他们的不满和希望等意见帮助我们做着竞争店调查。聆听顾客的心声并不难，只要我们虚心就行，但让这种声音持续保持活力却不容易。因此，只有那些虚心倾听并愿意真正实践顾客期望的商家才能在严峻的时代中生存下去。

（1）真正利用好“顾客心声”

在购物时，因对价格、质量或服务产生不满而直接向商家投诉的消费者有多少人，你清楚吗？据美国某调查机构的调查，25 人中只有 1 人会投诉。也就是说，一个投诉顾客的背后还隐藏有 24 位不满的顾客，绝大部分不满的人只会忍气吞声或无奈转向其他商家。但一个不满的顾客会把自己糟糕的经历告诉 10 ~ 20 人。

因此，如果不去认真应对顾客的投诉并积极改善经营方式，将会失去这部分固定的客源、忠实的粉丝和未来的潜在客源。为了听取顾客的不满和需求，许多商家都专门设置了“顾客之声”的意见箱，服务台也摆放了留言册或意见本等。但我怀疑这些好的措施并没有真正被有效利用起来。

某家百货商店的店员兜里经常揣着记事本，专门记录从顾客那里获得的信息（如这种商品在哪个货品区卖？希望能添置这种商品等）。他们以顾客的意见为基础，回过头来再重新审视和完善自己的卖场工作，因而取得了可喜的成果。

某家居中心（HC）的店员也同样携带名片大小的可粘贴的便笺，每当遇到顾客提出建议或说出不满时，就立即拿出便笺记下，然后贴到记事板或墙报上。每天晚上打烊前，店长都会亲自去阅读这些便笺。第二天上班后，店长就按照店里的实际情况提出整改意见。其实，顾客的意见很实际，如“婴儿抽屉安全锁在哪里卖”（商品布局）；“有没有 95 厘米宽的衣柜”（商品需求）；“我上次在这儿买了 3 公斤狗粮，但发现别的商店比你们便宜 100 日元”（不满投诉）。

另外，便笺上不仅要记录顾客的意见，还要记下顾客的年龄以及属于什么类型的人群等基本情况。如："50岁左右，打扮时尚的女性。"因为，在是否采纳顾客意见时，要先对照本店主要的顾客群，判断出是哪种类型的顾客提出的意见。据说这才是他们最后决定是否采纳顾客意见的关键因素。

在许多实例中，有类似以上非常成功的例子，但更多的是商家只做表面工作，没有充分利用好顾客意见箱的情况。原因有以下3点：

①目的和执行程序模糊不清；

②没有采纳顾客意见的标准；

③事后不积极反馈顾客。

①是要明确设置顾客意见箱的真实目的。目的就是通过在卖场直接倾听顾客的心声，找出本店自身无法发现的问题，另外还要真心诚意地处理好顾客的投诉。一般来说，投诉者比不投诉者更有意愿与商家保持关系。如果他们的问题得到解决，会有60%的投诉者愿与商家保持关系，如果迅速得到解决，会有90%～95%的顾客与商家保持关系，日后会成为忠实粉丝和稳定客源。

在具体执行过程中店长要以身作则，坚持每天打烊前（最晚应该在18点之前）亲自回收意见箱中的顾客意见，保证当天阅读。不必介意顾客意见中掺杂的一些搞恶作剧的小把戏，因为大部分对商品种类、规范服务等方面的建议肯定会让你眼前一亮，受益匪浅。

②是制定采纳顾客意见时的标准很重要。但店方没有必要完全遵从或必须执行顾客提出的全部建议（与顾客有关的所有调查也同样）。这种说法容易引起误会，但我还要说我们不是顾客的应声筒，顾客提出的意见也不见得全都对。对店方来说，一定要掌握好去粗取精、去伪存真的尺度，要敢于鼓起勇气大胆拒绝。

收集顾客意见后，要仔细阅读。处理方法有三种：第一种是立即实行；第二种是优先实行；第三种是考虑到经营成本问题或本店的经营理念，可暂不实行。如果不制定出切实可行的采纳标准，每月高达 100 多件的顾客意见就会把你搞得头昏眼花，有可能患上顾客意见恐惧症，最终会导致此项活动半途而废。

③可以说最重要，即一定要向对你提出意见的顾客做出反馈。考虑到要保护个人隐私的情况，可以口头（用电话联系等）反馈店方意见，或者把反馈结果张贴在店内信息交流板上，要明确阐述本店的想法，充分转达采纳或不采纳该意见的理由。特别是不能满足顾客的要求时，更不能逃避或感到恐惧，要鼓起勇气、敢于大胆去说明。

表V-2是我在某大型酒水专卖店发现的收录了顾客意见的卡片举例。在收到卡片后，店方应把自己采取的相应对策及时准确地反馈回去，这才是这项活动成功开展的第一步，这样做才更有效，更有现实意义。

这张卡片上面写道："店长先生：您知道女厕所很脏吗？您这里有厕所清扫检查表吗？有的话，它根本没有起到应有的作用。"对此，店长亲笔写了回文，并附上清洁人员清扫厕所的照片。"对不起！从今天起我会让她们每隔一个小时检查一遍。"积极应对的态度肯定会让顾客对店铺的好感度猛增，同时对店员也能起到警示作用。

另外，店长不仅要将处理结果及时反馈给顾客，还要利用朝会、中会、晚会等集体例行碰头的时间，向所有店员逐一讲解顾客的意见并解释自己采取的对策。应该把顾客的表扬意见放在会上与大家共同分享，但千万不要在会上用顾客的批评意见当面怒斥店员，可以把它作为日后研讨会上的讨论课题，拿出来一起研究。

现在，听取顾客意见的形式已不足为奇，问题是大家迄今为止坐下来讨论该采取什么措施的时间远远不够，而且把采取过的对策拿来进行内部沟通（特别是公司内部、店内）的情况更是少之又少。另外，对制定对策后实施的效果也没有再去验证。

图表V-2　顾客之声记录卡

我们需要您的声音！

顾客心声→店长办公室

对商品、卖场和服务，如您有任何问题、意见和质询，都请记录在此。

如有对应的条款请画○。

①有您心仪的商品吗？　a 满足　ⓑ 普通　c 不满

②满意售货员的服务态度吗？　a 满足　b 普通　ⓒ 不满

③商品好找？容易购买吗？　a 满足　ⓑ 普通　c 不满

④此次购物愉快吗？　a 满足　ⓑ 普通　c 不满

⑤其他。请写下您的意见、要求和问题点。

〔为什么卖场没有售货员？我来买礼品，没看到人就没办法咨询。能不能安装呼唤铃？〕

年　月　日			
姓名		年龄	
住址		TEL	

＊本表保证不用于此目的之外。

（2）发掘沉睡的信息——“顾客问卷调查表”

信息不仅存在于报纸和杂志中，其实我们的店里还有许多未被利用而仍在沉睡中的信息。

“商品卖不出去时要多倾听顾客的声音。”这句老生常谈说明了收集顾客意见的作法已经司空见惯，但我们仍很少听说顾客的意见已被哪些企业（商店）当成制度持续有效地落实在工作中。

“如果真有效，闭着眼睛也能持续下去。只坚持了一段时间就结束了，这不正说明顾客意见其实也起不到什么大作用嘛。”“其实，他们提到的那些事我们早就清楚（根本不用他们多嘴多舌）。”抱着上述相同想法的人肯定不在少数。而之所以没有实施成功的原因是他们实施的步骤不对和实践标准不明确。

下面我将用服装专卖店的实例进一步阐述顾客问卷调查的目的、手段和实践标准。

①目的

第一是了解顾客对本店的信任程度。如果搞清楚顾客来店要买什么（来店理由），就能摸清他们对店内商品的信任程度。顾客想买自己需要的商品，首先习惯于先去自己最信任的商店。比如说，顾客要买一件衬衫，如果他第一个想到的商店是本店的话，那么在他心目中衬衫就是本店的专利产品。即便本店自认为西装品类更好，但如果抱着购买西装的目的来店的顾客不多，反倒说明本店销售的西装在品种、价格或者服务上肯定存在问题。

第二是了解顾客对本店的满意程度。有购买想法的顾客最后购买了，可以认定顾客对本店是基本满意的（但不清楚购买后的满意程度）。

第三是了解对本店的不满意程度。有购买想法的顾客最终没有购买，背后肯定有其理由。若能挖出他们不买的具体理由，对改善工作会有启发。

以前的顾客问卷调查主要是以听取顾客的愿望为主，但愿望是抽象无止境的。现在改成让顾客痛快地发牢骚，从不满中听取他们不买的理由，“没有喜欢的样式”“尺码不合身”“价位高”“服务差”等。这样就能轻松地获取他们不买的理由，接下来就可以照方抓药，制定更具体的对策。

可以肯定地说，问卷调查的最大目的就是为了掌握顾客不买的理由。以前实施的“是、不是”的是非选择型调查方法，其结果根本无法落实到实际工作中。

②推进步骤

调查工作质重于量，发掘不出消费者的心里话和收集不到实质的内容，等于浪费时间与金钱。只需要掌握以下要点，调查方法简单易学。⑤⑥⑦⑨

a. 准备调查用纸

参考表 V-3 的顾客问卷调查表。对顾客预定要购买最后却没有购买的商品不仅要标上○印，还要再继续深挖理由。例如，对童装专卖店销售的服装，不应该只问到顾客想买衬衫就结束，还应该再继续追问是白的、蓝的、条纹的还是半截袖的。如果能掌握这些商品的具体信息，对进货也有帮助。在调查用纸的空白处多画些线，把能想到的都填写上。

表V-3　顾客问卷调查统计表实例

调查员：铃木

百忙之中打扰您了。为了把本店建成让您满意的商店，请您协助我们做一份购物问卷调查，不胜感谢！

问1 (1)您来店打算购买什么商品？（用○标出，可多选）(2)实际购买了什么商品？（用○标出，可多选）

问2 (1)准备买但没买的商品是什么？（用○标出，可多选）(2)没买的理由？（用○标出，可多选）

调查项目＼商品	POLO衫	T恤衫	衬衫	毛衣	裙子	女裤	牛仔裤	配饰	鞋子	服饰小物	内衣袜子	外套	
准备购买的商品	○												
购买的商品										○（手绢）			
没有购买的商品	○												
没有中意商品	○（无任何标志LOGO的深蓝色（素色））												
尺码不合适													
价格偏高													
没有广告中商品													
商品断货													
没有商品													
售货员态度恶劣													
其他													

问3 以下商品您会选择在哪里购买？请在您光顾最多的商店下面分别画○。经常去该店选购的理由？

商品＼调查项目	最常去购物的店									选择该店的理由					
	本店	W（站前店）	X大型店	Y大型店	Z（郊区店）		其他（商业街）		没买过	大甩卖	价格便宜	商品丰富	服务周到	售货员服务态度好	其他
衬衫		○									○				○（尺码齐全）
T恤衫		○									○				
汗衫							○					○			
毛衣							○					○			
裙子							○					○			
女裤							○					○			
牛仔裤		○											○（改尺寸时间短）		
装饰品							○					○			
鞋子							○					○			
服饰							○					○			
内衣袜子			○							○					
夹克							○							○	

感谢您的合作！

◎ 顾客简介：

性别：①男性 ②女性（个子高、可爱）

年龄：①19岁以下 ②20岁～24岁 ③25岁～29岁 ④30岁～34岁 ⑤35岁～39岁 ⑥40岁～49岁 ⑦45岁～49岁 ⑧50岁～54岁 ⑨55岁以上

职业：①学生 ②公司职员 ③家庭主妇 ④自由职业 ⑤无业 ⑥其他（ ）

来店手段：①汽车 ②自行车 ③公交车 ④地铁 ⑤步行 ⑥其他（ ）

住址：　　区/市　　　　　　回家途中

b. 选定调查成员

根据本店规模，选定调查人员，包括替补人员在内共4 ~ 5人的规模为最佳。如果人员太多，顾客就会退缩。应尽量选一些性格开朗、善于交谈的人。

c. 在商店的入口处设置事务所

请顾客入座，坐着说话易吐真言。如果本店规模小，顾客不多时，则站着也没关系。

d. 先开口向顾客搭话（开始调查）

调查的对象是刚要出店门，年龄在15 ~ 59岁（靠自己观察）之间的男女顾客。主要是付钱的人，即带钱包、负责结账的人。

e. 调查份数目标设在有效问卷30 ~ 50份

当然数量是越多越好。但目的是听取他们的心里话，一天的时间能做多少就做多少。如果交给调查公司做的话，最好能连续调查3天，平日1天（周一~周五），周六、日各1天。目的是倾听顾客的真心话，所以不需要特殊的技巧，只要用心倾听即可。

f. 统计调查问卷表

统计有效的调查问卷表。从数量上算出“想买而买下商品的”和“想买而没买商品的”顾客比率，把听到的具体意见完整如实地填写到一览表中。（见表V-4、表V-5）

g. 消化调查结果

重要的是花时间仔细消化调查结果。方法可参考前项的采纳标准。

表Ⅴ-4　顾客问卷调查统计表(数据篇)

调查份数 112

		蔬菜	水果	鱼	肉	副食	日配品	加工肉类	加工食品	点心饮料	面包	日用百货	待客服务	其他
想买	A	74	30	60	67	38	97	20	42	52	46	26	3	2
	全体比	66.1	26.8	53.6	59.8	33.9	86.6	17.9	37.5	46.4	41.1	23.2	2.7	1.8
想买而买了		62	20	44	55	24	85	13	25	38	36	21	1	2
	全体比	55.4	17.9	39.3	49.1	21.4	75.9	11.6	22.3	33.9	32.1	18.8	0.9	1.8
	对A比	83.8	66.7	73.3	82.1	63.2	87.6	65.0	59.5	73.1	78.3	80.8	33.3	100
没想买而买了		13	8	15	8	12	22	8	13	11		7		
	全体比	11.6	7.1	13.4	7.1	10.7	19.6	7.1	11.6	9.8	0.0	6.3	0.0	0.0
想买而没买		4	3	7	4	4		2	3	1	9	5		
	全体比	3.6	2.7	6.3	3.6	3.6	0.0	1.8	2.7	0.9	8.0	4.5	0.0	0.0
	对A比	5.4	10.0	11.7	6.0	10.5	0.0	10.0	7.1	1.9	19.6	19.2	0.0	0.0

(3)临时工集体采访调查

临时工大部分都是家庭主妇，同时她们也是购物的主力军。因此，她们更能站在顾客的立场上观察商店、卖场和商品。相反，以男性为主的正式员工一般不谙家事，不太参与本地区的社团活动和学校活动，缺乏家庭生活常识和购物体验，往往只能以卖方的身份观察卖场和商品。

由于临时工同时掌握着买卖双方的问题点以及顾客的不满和需求，因此没有谁能比她们更了解商家的优势与劣势以及急需改善的地方。在本店半工半读的学生临时工与来店的大学生、白领女职员年龄相仿，在这方面她们也能提供大量有用的信息。把家庭主妇和半工半读学生临时工的声音反映到卖场的工作中是临时工集体采访的主旨。实施方法很简单。

①目的

第一，透过临时工的声音了解顾客的不满与需求。临时工比正式员工在卖场里滞留的时间更长，与顾客接触的机会就更多。平时她们又是普通顾客，能理解顾客的心思，站在顾客的立场上思考问题。平日里没有机会倾听她们的诉说，只能借用集体采访的机会让她们一吐心声。这种形式应该比顾客问卷调查更能获得大量信息，收效更大。

第二，利用临时工的信息网。本社区什么时候举办社区庆典活动？庆典上有哪些内容？对本次学校运动会和学生郊游活动，竞争店有哪些动向？通过家庭主妇之间的闲聊，她们掌握了大量对商店和商品有用的信息。

第三，提高临时工参与建设卖场的意识。人多了人际关系就变得复杂，临时工中肯定有因为讨厌的上司、同事而深感苦恼的人，心存疙瘩就无法干好工作。通过集体采访这种特殊的心理辅导形式，可以让她们说出烦恼，吐出心声，缓解压力，最终达到提高参与工作的积极性、振奋士气作用的同时，也加强了进货和销售等业务能力。

表V–5　登记表实例(真实声音篇)

调查日期：年　月　日(　)

内容 部门名称	真实声音	评价

②推进步骤

a. 准备临时工集体采访调查表。

表V–6是采访表的样表。在提问事项一栏里填入希望了解的事项（例如：断货较多的商品、顾客的需求和欲购的商品等）。不用全都提问，有些可留作采访途中冷场时接续谈话的备用话题。

b. 召集临时工

每次人数控制在5人以内最适宜。再多的话，采访内容易流于表面，不能深入交流，或导致有的人不发言，有的人只敲边鼓不讲心里话。人数多也会相互牵制，容易形成不敢或不愿讲真话的气氛。

表V-6　临时工集体采访调查表

部门：＿＿＿＿＿＿　　　　　　　　　　调查日期：年 月 日(　)

分类 提问事项	优点	缺点(不满)	希望
1.商品 ①是否有心仪的商品？			
②价格合适吗？			
③新产品受欢迎吗？			
④与竞争店相比如何？			
⑤被顾客问及时是否有回答过断货或没货？			
⑥其他			

c.在工作时间内实施

工作结束后再召集的话，只有时间充裕的那部分人可以参加。一般来说，孩子放学回家的时间是下午三点，做晚饭的时间是下午四点，这段时间里她们很忙碌，根本静不下心来。因此开始时间最好定在每天开业准备结束后的十点半，开始时定好调查结束时间，尽量让她们一吐真言。

采访时长约 90 分钟最适宜。一个人畅所欲言的发言时间大约需要 10 分钟。如果时间过短（如 60 分钟），发言者刚刚说得兴起就得打住，不仅发言者扫兴，主办方也听不到她们的真实心声。反之，时间过长（120 分钟）不仅会给店里的工作增添麻烦，而且与会者也会倦怠。

d. 不设范围自由发言

搬来办公室的两三把椅子放在食堂或休息室，落座后边喝茶吃小点心，边请与会者畅所欲言。创造轻松谈话的氛围很重要，如果换成会议室或店长办公室，气氛会紧张，发言的内容或许就会变成贵妇般的表演或消费者咨询式的发言稿。桌上放什么小点心也有讲究，最好摆时令商品和新产品，可以制造出话题。

按照采访程序提问题。开场白由主持人讲，待气氛慢慢上来后，再由在场的 2 ~ 3 名听众兼书记员（包括主持人在内）适时烘托气氛。为了让参与者说出平日憋在心里、难以启齿的真心话，听众里应该排除她们的顶头上司，最好邀请属于局外人的店长或总公司的负责人担任听众。采访有一条不成文的规矩，即便是当面说你坏话（可能你自认为）也不能生气，事情过后更不能透露发言者的姓名。当然，规矩要事前公布，否则今后参与者会越来越少，调查也持续不下去。

e. 从临时工嘴里发掘出店里存在的问题

整理采访记录，消化调查结果。在分别评估各种意见后，制定将这些问题落实到卖场的先后顺序，准备对策。然后在次日的晨会上大声宣布“我将这样做！希望你们也这样做”，大声宣布自己的想法是明确告诉临时工们，你们的宝贵意见没有被埋没。表 V-7 是在结束集体采访后，立即着手整理的调查表。

表 V-7　临时工集体采访调查整理表实例

部门：副食

问题	优点	缺点(不满)	希望
1. 商品 ①是否有心仪的商品？	1. 面包区的面包好吃。 2. 对即时烘烤的面包评价高(其他店的烘烤速度慢)。	1. 天妇罗味道不好(使用的油不好)。 2. 寿司不好吃(醋的质量差)。	希望能尽快提供用应季原材料(牡蛎等)烹制的油炸食品。
②价格合理吗？	小份的蔬菜沙拉很受欢迎。	1. 海味烹菜和蔬菜色拉价格过高。 2. 炸薯饼的价格高。	1. 本地区居住的家庭比较多，希望能提供桶装式饭盒寿司拼盘。
③其他		1. 上午 9～10 点制作的加工食品，放到晚上，打折降半价也没人愿意买。	1. 最好能控制在 4～5 小时之内售完，在此时间段内的加工食品，顾客还可以接受。

油炸食品销售业绩不好的原因是使用的食用油质量不好，这点是受到了“不好吃”这一意见的启发。寿司的销售业绩一直以来总是差那么一点，醋是主要原因。相反，面包区的业绩一直不错的主要原因是面包的味道好，他们建议再制定烘烤面包出炉的时间表，会卖得更好。

总之，像这样的调查不应该只进行一次就结束，应该制定出能够持续听取全体临时工声音的采访时间表。并且，希望这种集体采访能够成为对临时工进行心理辅导的课堂和与公司进行思想沟通的桥梁。

3. 商圈的观察要点

（1）如何掌握当地顾客群的特性

要掌握当地顾客群的特性，首先要对当地人口的年龄构成、性别比、人口数量等进行定性分析，同时还要对饮食、住宅、服装、风土人情和生活习惯以及购物倾向等进行定量分析。

①定性分析

要了解饮食的情况，就需要分析当地居民的早餐、午餐、晚餐、盒饭、零食都吃些什么。了解家中举办红白喜事或朋友聚餐等活动时一般希望准备哪种菜肴以及当地的饮食生活日历等。并且，还要分析原材料的搭配、调味品以及厨具的具体使用情况。

要了解居住的情况，首先要调查住宅的建筑形式（洋式还是和式）、房屋布局、水冲式厕所比例、按揭情况、使用商品的色调、尺寸、样式等。这些资料都可以从装修公司和银行方面获得，或者在商圈里开车兜兜风，许多疑团也会迎刃而解。遇到好天气外出时，注意观察居民院内晾晒的衣物、被褥的颜色和式样，会对你调整店内商品的种类有所启发。

要了解着装的情况，多拍些居民购物和上下班时的照片就可一目了然。平日和休息日，在店里远远地拍摄来店购物顾客的服装，然后按年龄和服装的不同套入矩阵式生活模式进行分析后，就能获知是多大年龄的人，穿着哪种款式服装，何时来店购物的。同时再用同样的手段调查竞争店，对比后，来店顾客的特征会更清晰可见。

②数据与卖场现状的对照

用获取的数据资料对比本店卖场的商品，你就会发现店内还有许多工作做得不到位，你会叹惜如果自己店里也有他们那种商品肯定也会卖得好，可惜居然缺货。其实，这些调查工作原本应该由总公司的办事人员定时定点去做，但为了能及时掌握当地商圈内不同商家的特性以及当地的发展趋势，我认为有必要单独实施这种调查。

拜访当地的学校和企业，参加社区的各项公益活动，都是建立人脉的好机会，不仅可以亲身体验当地独特的地域文化，也有助于你的调查，使之更有成效。

另外，通过寻找当地的特需商品，不仅能了解到当地的风土人情和生活习惯，还能对只有当地才需要的商品、当地食用最多的食品以及这些商品的畅销期、畅销容积（尺寸）和不同使用方法等，做到心中有数。

现在，许多商家（企业）都强调“与本地密切结合”，开始积极引进当地土特产品销售，当然做的还远远不够。但不可思议的是，竟有人怀疑如果允许每个店单独经营当地土特产品，总公司的权限会被削弱。据某店商介绍，无论总公司给下属各分店移交多大权限，但 95% 的畅销商品仍是总公司推荐的商品，余下的 5% 才是当地的土特产品和店内的必备商品（我把它称为 95:5 原则）。

当然，必须积极销售占压倒性多数的 95% 商品，但为了丰富售货员对商品的感受性，让当地消费者把本店真正看作是“自己的商店”，仍有必要花点功夫积极发掘和引进当地的土特名优产品。

（2）谁都能做到的“走动式”调查法

关于年均温度、降雨（雪）量、湿度等问题，只要去趟气象台问问就能一清二楚。拜会公交总公司，就会得到公交车线路图和运营时刻表。问题是如何把这些数据资料有效地运用到本店的商品、销售、服务和价格上去。

①了解当地

要了解当地主要产业和不同行业就业人口数量，去职业介绍所问问便可知晓；要想了解当地人口数和增长率、年龄和性别构成、家庭数和家庭构成等情况，去当地民政局问问就能得到答案；要想了解当地流动人口和1公里范围内的商圈人口、人口密度等，去当地工商会议所问问就可搞清楚。但如果你只满足于了解这些定量资料，就自认为已经掌握了当地的特点，这是很可怕的。如果不把这些数据资料有效地运用到商店、卖场和具体工作中去，就毫无意义可言。

如何具体运用呢？首先要仔细消化定量资料的内涵，在闷头冥思苦想的同时，更要迈开双脚走向现场，用感官亲自去体验。我把它称为“商圈观察法”。其实也就是定量资料收集法，俗称“走动式调查法”。

定量资料的缺陷是调查和收集需要花费大量时间，其结果多少有点像静态地抓住了以往的事实，却将之作为如今的现实侃侃而谈。我们现在需要的是能立即有效运用在本店的商品和服务上的鲜活的信息。来自 POS 机的数据有助于了解结果、发现问题，是很好的信息来源，但若无视实际情况，则难保其成为劣质的信息源头。因此，一定要经常带着问题意识和目的意识，反复对比纸面上的数据与现场的实际情况，理论必须与实践相结合。

其实商圈观测法不是什么高深理论，只需带着问题意识和目的意识诚实地面对现实即可。为以后整理资料方便，应挎上照相机，拿着名片大小的可粘贴便笺和圆珠笔，穿上耐行走、不累脚的鞋，漫步于商圈内。无论平日或是休息日，以车站、住宅、办公楼、学校、公园和餐厅等人群聚集的场所为主，快乐地漫步，冷静地观察。

②了解当地人

在车站前，主要观察行人的服装、手提的物品和脚上穿的鞋。调查在平日的上班时间、中午的购物时间、休息日的购物时间和休闲时间里当地人都穿什么样式的服装，这对了解不同客层消费者对服装品种的需求会有启发。观察穿长裤还是穿牛仔裤的人多，款式是偏长还是较短，是衣着华丽还是朴实无华，从这些观察中可以掌握许多难得的信息。

即便是收入偏低的区域，也不见得所有人的着装都朴实无华。偶尔也会发现街上有许多身着名牌、打扮入时、有气质的人，可能与你当初的设想完全不同。要注意观察购物归来的人群手中提的购物袋，通过购物袋上印的LOGO等可以判断出他们去的是哪个地区的哪家商店，是大店还是食品超市或是普通的专卖店。这样不仅能获知当地消费者购物的行动范围（商圈），还能获取他们喜欢商家的信息。

在住宅区，要注意房屋的状况，观察房间布局、装修、外观以及垃圾场里的购物袋。房屋分新旧、单栋、高档公寓、普通公寓、居民小区等。新建的单栋住宅里一般30～40岁夫妇带小孩（小学、中学生为主）的家庭居多，屋内布局以西式为主，浴室和厕所基本都是西式装修。

有大落地窗的建筑居多，窗帘长度基本都在230厘米左右，一般喜欢有图案、艳丽的式样，特别是咖啡帘等装饰性强的窗帘需求大，天气好的日子，能看到晾晒的被褥，其中许多都是电商在商品目录中刊登的那种素色条纹的棉被。庭院里大多有一栋大犬舍，说明当地对宠物用品、宠物食品肯定有需求；老旧的单栋建筑或看上去大一些的房屋里，基本上两个家庭同居的情况比较多（儿童的晾晒物多），说明当地对童装、玩具、文具肯定也会有需求；在高档公寓和普通公寓聚集区，情况也基本相同，但不会有 DIY 商品和园艺用品的需求（见图 V-1）。

图Ⅴ-1　房屋外观印象分类图实例

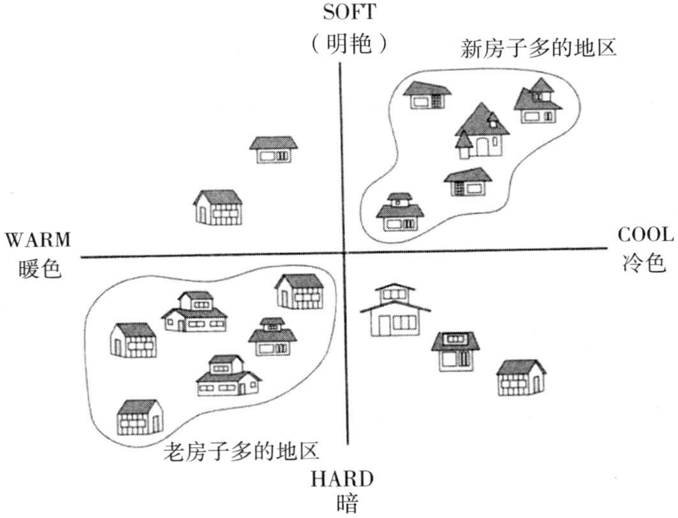

※SOFT・HARD是亮度轴
COOL·WARM是色彩轴
※新房子多的地区外观以庄重的浅色居多
老房子多的地区外观以茶色系、红色系居多

③了解当地的生活状况

公园里或娱乐场所也蕴藏着许多有价值的信息。休息日去公园走走，能看到身穿休闲装的快乐一家人、手挽手的年轻伴侣、相互搀扶的年迈老人，有的在愉快交谈，有的在欢乐游戏。再看看他们脚上的鞋子，手上的提包（个性化商品还是品牌商品、是布料还是腈纶材质），简直就像一场活体模特服装秀。

观察一下他们带去的盒饭，是自己亲手做的还是在便利店买的，里面装的鸡肉类多还是鱼肉类多。看似简单的信息都能有效运用到商品的构成中。另外，还要注意观察自制盒饭所用饭盒的材质，是塑料饭盒多还是发泡饭盒多。掌握这些信息对拓展或缩小商品的饰面数，会有启迪。

调查商圈内的学校数量和各年级学生人数以及增长率很重要，但光做这些对实际工作于事无补。下面再介绍几个把调查校园活动结果具体运用到实际工作中的例子。

校园活动有运动会、郊游、修学旅行、快乐聚会、游泳馆开馆等，不胜枚举。看似不大的活动，但我们不仅要事前了解活动的具体日程，还要调查届时需要购买的商品，能直接把调查结果运用到店内调整商品订货量和生产量方面，真可谓其乐无穷。

表 V-8 是临时工制作的“校园活动一览表”。学生运动会时，鸡翅尖、鸡肉棒、罐装饮料和点心等食品类商品发货量会增大，因此店内专设了学生运动会专区，集中了休闲椅、折叠椅、一次性盘子和碗、创伤药等相关商品。临近修学旅行时，店内特别推荐3天2晚用的大背包和2天1晚用的小背囊（包括POP），作为关联商品还一同陈列了内衣、帽子和袜子等。

对游泳馆的开馆仪式，有的学校会要求每个年级要带不同颜色的游泳帽，从教室到游泳馆途中只能穿拖鞋等。因此，老的经验再也靠不住，自以为是的想象更是行不通。

表V–8　校园活动一览表

<table>
<tr><th rowspan="2">日期
学校名</th><th colspan="3">9月</th><th colspan="3">10月</th><th colspan="3">11月</th></tr>
<tr><th>上</th><th>中</th><th>下</th><th>上</th><th>中</th><th>下</th><th>上</th><th>中</th><th>下</th></tr>
<tr><td>A幼儿园</td><td></td><td></td><td></td><td></td><td></td><td colspan="3">家庭参观日
(3)</td><td></td></tr>
<tr><td>B保育院</td><td></td><td>郊游
(11)</td><td></td><td></td><td></td><td></td><td></td><td></td><td></td></tr>
<tr><td>C幼儿园</td><td></td><td></td><td colspan="3">快乐聚会
(9)</td><td></td><td></td><td></td><td></td></tr>
<tr><td>D小学</td><td></td><td colspan="3">运动会
(22)</td><td></td><td></td><td></td><td></td><td></td></tr>
<tr><td>E小学</td><td></td><td></td><td colspan="3">运动会
(6)</td><td></td><td></td><td></td><td></td></tr>
<tr><td>F中学</td><td></td><td></td><td></td><td colspan="3">修学旅行
←→
(17)(19)</td><td></td><td></td><td></td></tr>
</table>

以上的事例只是冰山一角，其实信息多得像小山。能不能把这些事实有效运用到商业活动中，全靠你们自己。从事零售业的人几乎不休周末和节假日，但平日也会有许多信息充斥在

你眼前。如果有你认为重要的信息，可以带回家问问家人，或咨询工作中的熟人及生意上的伙伴。

轻轻移动脚步，紧紧跟上市场的每一次波动。不懂不可怕，可怕的是不懂装懂。决不能躺在历史的功劳簿上，要做到不断观察、认真感受，实事求是，迅速出击。

专家不等同于行家里手。专家是能经常感悟实际生活，实事求是面对现实的人。

译者后记

据 2015 年 11 月 12 日吉尼斯世界纪录认证，刚刚结束的 2015 天猫双十一活动共创造了 9 项吉尼斯世界纪录。除了 912 亿元的全天交易总额再次打破 24 小时单一公司网上零售额最高的吉尼斯世界荣誉纪录外，还有 8 种产品单品类销售业绩成功刷新了吉尼斯世界纪录。

看到这些纪录，似乎让人感到网络销售已成为中国销售业的主流。在电商的冲击和多重因素的影响下，实体店关店潮绵绵不绝，仅 2015 年上半年，全国主要零售企业（含百货、超市）共关闭 121 家，还包括 16 家外资（含中外合资）零售企业。数据显示，仅上半年北京就有两家大型零售店宣布“闭店”，一家是华堂百货右安门店，一家是华润万家右安门店。

当下，零售业都将实体店销售业绩增长不佳归咎于网络冲击，对自身存在的各种问题则视而不见，也缺乏深刻检讨。总体上看，当前传统零售业正处于加快变革和转型的时期，既是经济结构调整和消费需求变化的直接体现，也符合零售业发展的客观规律。不只是中国，全世界很多国家都有过类似的情况。传统零售业的出路主要是推动实体零售企业转型创新，只能靠实体零售企业自身在市场竞争中去探索和求变。

传统零售业该何去何从？我认为，即便进入互联网时代，传统零售业也不是没有发展空间，只是由于消费者的购物行为与偏好发生了变化，传统的以销售为导向的价值在衰减。但未来实体零售店生命力仍然很强大，传统零售业有其基本规律，它的作用不只是买卖商品，而更重要的一个作用是把人吸引到大街上去，让他们在一家、两家甚至更多的店铺里寻找一件满意的衣服，这时候他们很可能发生远超过一件衣服价值的随机消费。这样的行为，使得一个城市产生了巨大的活力。因此，在零售业的价值链上实体零售店不会消失，这是零售最古老的渠道，也是购物最亲切的方式。在到处都是平价销售的大潮下，消费者已经对降价这样的刺激不再兴奋，各式各样的促销手段也失去了往日的吸引力。今天的传统零售业必须重新回归零售业的根本，“必须成为最有效率的商品供货者”。用世界零售业巨头沃尔玛公司已故创始人山姆·沃尔顿先生的话来说：

“只要我们这些管理者真正致力于将销售的热情（买卖商品）和赚取利润的热情灌输到我们每一位员工的心中，我们就所向披靡了。”

面对来势汹汹的电商时代和实体零售企业内部日趋剧烈的竞争，我们的店铺该何去何从？这是零售业所有人士均要认真思考的问题。尤其是店铺和公司的负责人为了一家老小的生计，为了十几口人的饭碗以及成百上千员工的未来，必须做出英明的决策，一丝决策失误都有可能导致一家老小失去赖以生存的手段（私人小店），打破几十口人养家糊口的饭碗（普通超市），毁灭成百上千人的幸福未来（百货商场、综合购物中心）。正如本书作者铃木先生在《如何战胜竞争店》一书中反复强调的那样：“差之毫厘谬以千里”。

铃木哲男先生是日本著名的零售业店内企划专家，几十年的经验造就了他在观察和诊断门店经营问题上独到的见解，他更善于从技巧上为困惑的商家排忧解难，《如何战胜竞争店》这本书本身就是破解实体零售企业困境的一把钥匙，是为实体零售店量身定制解决烦恼的良策之一。此书虽然成书于日本零售业趋向衰退、处于激烈变革的时代，今天中国零售业的现状恰似那个时代日本零售业的翻版再现。日本就是我们的前车之鉴，从日本的经验来看，人口问题带来的一个结果是以个人消费为主的社区店铺、小型业态得以迅速发展。另一方面是以家庭消费为中心的体验式购物中心受到欢迎，从而产生个人消费和家庭消费的两极化发展。在日本能适应这一发展趋势积极变革创新的企业都发展得相当顺利，而象征大家庭化、大量消费时代的百货店和大卖场却急剧衰落。日本过去发生的事情也许今天在我们的专卖店、超市、百货商店和综合购物中心也正在发生，或许十多年前日本传统零售业经历的痛苦和积累的宝贵经验及教训能带给正处于动荡期的中国零售业一些有意义的启迪，能给正在苦恼之中的我们一些安慰和帮助。铃木先生的“商战取胜的万全之策”也许真能帮助我们渡过眼前的难关，成为明日事业发展的一面镜子。

目前，我们的经营也正遇到日本零售业实体店曾经的烦恼：薄利就能多销吗？价格便宜也能赚钱吗？降价就能战胜竞争对手吗？如何在促销中找到毛利率与销售额之间的平衡点？如何让顾客接受我们实惠的促销方案？除了降价我们还能做什么？如何正确处理顾客的投诉？如何最大程度地提高顾客的满意度？如何让服务真正规范化？如何让店长真正懂得管理？如何让商品陈列更标准和更具美感？如何通过生动化陈列刺激顾客的购物欲望？如何才能减少卖场死角避免产生滞销商品？如何通过调整卖场布局提高销售额？如何才能察觉在竞争店里陈列而自家店里尚未销售的商品？如何才能让顾客的心声得到及时的反馈？等等。

《如何战胜竞争店》这本书真的能帮助我们解决眼前经营中的这些烦恼吗？这本书里真的有包治百病的良药吗？其实有没有不是我说了算，也不是铃木先生在书中埋下了伏笔，有没有应该自己去找。在此书中的确有我们非常想知道的营销技巧，只要翻翻书也许很快就能找到需要的那一条那一款。但此时我劝诸位不要急着放下手中的书，立刻就去商量对策和布置任务，应该再耐心地阅读下去。因为，铃木先生在书中反复强调的“模仿”并不是让你去照葫芦画瓢，而是让你在“知己知彼方能百战不殆”的基础上去领悟，把模仿到的东西消化后再去落实。这才是“模仿”的最高境界，也是改变你命运的最佳途径。其实万变不离其宗，从古至今只有了解对手，才能制定出有针对性的商战方略，这是放之四海而皆准的真理。

本书着重阐述了正确考察竞争店的方式方法，强调要鼓起勇气不怕丢脸，去大胆模仿。一般来说，对竞争店进行调查的惯用手法是调查商品的价格，但铃木先生在书中却反复告诫读者，同样是调查价格但需要换个思维角度去调查，这样才能得到完全不同的新启发。你不妨也照此去试试。铃木先生还把多年工作中积累下来的多达50个具体调查案例制成图表，毫不吝惜地分享出来。无论是对在零售业供职的专职人员或是将来希望投身到零售业的热心人士，都具有非常实际的参考价值和现实的意义。希望诸位能欣然地接受他的一片心意，认真花时间去揣摩这些难得的案例，必定会受益匪浅。

本人虽然没有从事过零售业，但也经营过十几年的体育娱乐休闲公司，与零售业一样是与顾客直接打交道的行业，属半个同行。我也经历过大起大落的年代，朦胧中（那个时代我还不知道有竞争店调查这个手段）我最拿手的就是去竞争店探宝（我把借鉴他们的经验比喻成探寻宝藏），经常派遣手下或者自己亲自秘密去竞争店花钱体验和寻找自己需要的东西。那时的探宝（竞争店调查）对我帮助很大，虽然最后我也做到了本行业北京的龙头老大，但一路总是磕磕绊绊不那么顺利。通过这本书的翻译我才明白，其实我该模仿的都模仿了，但也只是囫囵吞枣地拿来就用，很多模仿最终只停留在表面，没能真正深入和坚持下去。真有点悔之晚矣。

这本书没有讲深奥的道理，更没有华丽的辞藻，但只要你能坐下来细细地品味书中的每一段落，字里行间肯定会有你希望得到的启迪。“其实在日常工作中，也不需要做惊天动地的大事、新鲜事，只要多动脑筋，就一样能创造出不同于人而真正属于自己的优势。”

我虽不是零售业界的人士，但我喜欢这本书，更喜欢书中的经营思想和营销技巧，它不仅对我，我想对正在忍受剧烈阵痛的零售业界的同事们更是雪中送炭。

任世宁

2015 年 11 月

“服务的细节”系列

《卖得好的陈列》：日本“卖场设计第一人”永岛幸夫

定价：26.00 元

《为何顾客会在店里生气》：家电卖场销售人员必读

定价：26.00 元

《完全餐饮店》：一本旨在长期适用的餐饮店经营实务书

定价：32.00 元

《完全商品陈列 115 例》：畅销的陈列就是将消费心理可视化

定价：30.00 元

《让顾客爱上店铺 1——东急手创馆》：零售业的非一般热销秘诀

定价：29.00 元

《如何让顾客的不满产生利润》：重印 25 次之多的服务学经典著作

定价：29.00 元

《新川服务圣经——餐饮店员工必学的 52 条待客之道》：日本“服务之神”新川义弘亲授服务论

定价：23.00 元

《让顾客爱上店铺 2——三宅一生》：日本最著名奢侈品品牌、时尚设计与商业活动完美平衡的典范

定价：28.00 元

《摸过顾客的脚才能卖对鞋》：你所不知道的服务技巧，鞋子卖场销售的第一本书

定价：22.00元

《繁荣店的问卷调查术》：成就服务业旺铺的问卷调查术

定价：26.00元

《菜鸟餐饮店30天繁荣记》：帮助无数经营不善的店铺起死回生的日本餐饮第一顾问

定价：28.00元

《最勾引顾客的招牌》：成功的招牌是最好的营销，好招牌分分钟替你召顾客!

定价：36.00元

《会切西红柿，就能做餐饮》：没有比餐饮更好做的卖卖！ 饭店经营的“用户体验学”。

定价：28.00元

《制造型零售业——7-ELEVEn的服务升级》：看日本人如何将美国人经营破产的便利店打造为全球连锁便利店NO.1!

定价：38.00元

《店铺防盗》：7 大步骤消灭外盗，11 种方法杜绝内盗，最强大店铺防盗书！

定价：28.00 元

《中小企业自媒体集客术》：教你玩转拉动型销售的 7 大自媒体集客工具，让顾客主动找上门！

定价：36.00 元

《敢挑选顾客的店铺才能赚钱》：日本店铺招牌设计第一人亲授打造各行业旺铺的真实成功案例

定价：32.00 元

《餐饮店投诉应对术》：日本 23 家顶级餐饮集团投诉应对标准手册，迄今为止最全面最权威最专业的餐饮业投诉应对书。

定价：28.00 元

《大数据时代的社区小店》：大数据的小店实践先驱者、海尔电器的日本教练传授小店经营的数据之道

定价：28.00 元

《线下体验店》：日本“体验式销售法”第一人教你如何赋予 O2O 最完美的着地！

定价：32.00 元

《医患纠纷解决术》：日本医疗服务第一指导书，医院管理层、医疗一线人员必读书！ 医护专业入职必备！

定价：38.00 元

《迪士尼店长心法》：让迪士尼主题乐园里的餐饮店、零售店、酒店的服务成为公认第一的，不是硬件设施，而是店长的思维方式。

定价：28.00 元

《女装经营圣经》：上市一周就登上日本亚马逊畅销榜的女装成功经营学，中文版本终于面世！

定价：36.00 元

《医师接诊艺术》：2 秒速读患者表情，快速建立新赖关系！ 日本国宝级医生日野原重明先生重磅推荐！

定价：36.00 元

《超人气餐饮店促销大全》：图解型最完全实战型促销书，200 个历经检验的餐饮店促销成功案例，全方位深挖能让顾客进店的每一个突破点！

定价：46.80 元

《服务的初心》：服务的对象十人百样，服务的方式千变万化，唯有，初心不改！

定价：39.80 元

《最强导购成交术》：解决导购员最头疼的55个问题，快速提升成交率！
定价：36.00元

《帝国酒店——恰到好处的服务》：日本第一国宾馆的5秒钟魅力神话，据说每一位客人都想再来一次！
定价：33.00元

《餐饮店长如何带队伍》：解决餐饮店长头疼的问题——员工力！ 让团队帮你去赚钱！
定价：36.00元

《漫画餐饮店经营》：老板、店长、厨师必须直面的25个营业额下降、顾客流失的场景
定价：36.00元

《店铺服务体验师报告》：揭发你习以为常的待客漏洞 深挖你见怪不怪的服务死角 50个客户极致体验法则
定价：38.00元

《餐饮店超低风险运营策略》：致餐饮业有志创业者 & 计划扩大规模的经营者 & 与低迷经营苦战的管理者的最强支援书
定价：42.00元

《零售现场力》：全世界销售额第一名的三越伊势丹董事长经营思想之集大成，不仅仅是零售业，对整个服务业来说，现场力都是第一要素。

定价：38.00 元

《别人家的店为什么卖得好》：畅销商品、人气旺铺的销售秘密到底在哪里？ 到底应该怎么学？ 人人都能玩得转的超简明 MBA

定价：38.00 元

《顶级销售员做单训练》：世界超级销售员亲述做单心得，亲手培养出数千名优秀销售员！ 日文原版自出版后每月加印 3 次，销售人员做单必备。

定价：38.00 元

《店长手绘 POP 引流术》：专治“顾客门前走，就是不进门“，让你顾客盈门、营业额不断上涨的 POP 引流术！

定价：39.80 元

《不懂大数据，怎么做餐饮？》：餐饮店倒闭的最大原因就是“讨厌数据的糊涂账”经营模式。

定价：38.00 元

《零售店长就该这么干》：电商时代的实体店长自我变革。

定价：38.00 元

《生鲜超市工作手册蔬果篇》：海量图解日本生鲜超市先进管理技能
定价：38.00 元

《生鲜超市工作手册肉禽篇》：海量图解日本生鲜超市先进管理技能
定价：38.00 元

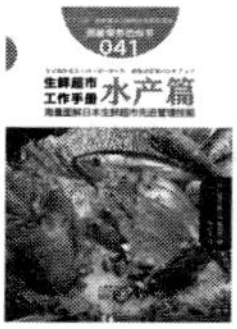

《生鲜超市工作手册水产篇》：海量图解日本生鲜超市先进管理技能
定价：38.00 元

《生鲜超市工作手册日配篇》：海量图解日本生鲜超市先进管理技能
定价：38.00 元

《生鲜超市工作手册副食调料篇》：海量图解日本生鲜超市先进管理技能
定价：48.00 元

《生鲜超市工作手册 POP 篇》：海量图解日本生鲜超市先进管理技能
定价：38.00 元

《日本新干线 7 分钟清扫奇迹》：我们的商品不是清扫，而是“旅途的回忆”
定价：39.80 元

《像顾客一样思考》：不懂你，又怎样搞定你？
定价：38.00 元

《好服务是设计出来的》：设计，是对服务的思考

定价：38.00元

《让头回客成为回头客》：回头客才是企业持续盈利的基石

定价：38.00元

《餐饮连锁这样做》：日本餐饮连锁店经营指导第一人

定价：39.00元

《养老院长的12堂管理辅导课》：90%的养老院长管理烦恼在这里都能找到答案

定价：39.80元

《大数据时代的医疗革命》：不放过每一个数据，不轻视每一个偶然

定价：38.00元

《如何战胜竞争店》：在众多同类型店铺中脱颖而出

定价：38.00元

《这样打造一流卖场》：能让顾客快乐购物的才是一流卖场

定价：38.00元

《店长促销烦恼急救箱》：经营者、店长、店员都必读的“经营学问书”

定价：38.00元

更多本系列精品图书，敬请期待！

图书在版编目（CIP）数据

如何战胜竞争店 / (日) 鈴木哲男 著；任世宁 译. — 北京：东方出版社，2016.9
（服务的细节；052）
ISBN 978-7-5060-9243-2

Ⅰ. ①如… Ⅱ. ①鈴… ②任… Ⅲ. ①企业管理 Ⅳ. ①F272

中国版本图书馆CIP数据核字（2016）第230918号

服务的细节052：如何战胜竞争店
（FUWU DE XIJIE 052:RUHE ZHANSHENG JINGZHENGDIAN）

作　　者：［日］鈴木哲男
译　　者：任世宁
责任编辑：吴　婕　王思怡
出　　版：东方出版社
发　　行：人民东方出版传媒有限公司
地　　址：北京市东城区东四十条113号
邮政编码：100007
印　　刷：三河市金泰源印务有限公司
版　　次：2016年10月第1版
印　　次：2017年3月第2次印刷
印　　数：6001—9000册
开　　本：880毫米×1230毫米 1/32
印　　张：7.125
字　　数：148千字
书　　号：ISBN 978-7-5060-9243-2
定　　价：38.00元
发行电话：（010）85924663　85924644　85924641